A coculpabilidade
como hipótese supralegal de
exclusão da culpabilidade
por inexigibilidade de
conduta diversa

9 APRESENTAÇÃO

11 INTRODUÇÃO

14 CAPÍTULO I
DA CULPABILIDADE

14 1. EVOLUÇÃO HISTÓRICO-DOGMÁTICA DO CONCEITO DE CULPABILIDADE

17 1.1. TEORIA PSICOLÓGICA DA CULPABILIDADE

23 1.2. TEORIA PSICOLÓGICO-NORMATIVA

32 1.3. TEORIA NORMATIVA PURA

36 2. CULPABILIDADE COMO ELEMENTO DO CONCEITO ANALÍTICO DE CRIME

36 2.1. CONCEITO

36 3. ELEMENTOS

37 3.1. IMPUTABILIDADE

37 3.2. POTENCIAL CONSCIÊNCIA DA ILICITUDE

38 3.3. EXIGIBILIDADE DE CONDUTA DIVERSA

39 4. CULPABILIDADE COMO PRINCÍPIO

42 5. CULPABILIDADE DE AUTOR E CULPABILIDADE DE ATO OU DE FATO

46 6. MODERNAS TEORIAS INFORMADORAS DO
CONCEITO MATERIAL DA CULPABILIDADE

47 6.1. TEORIA DO PODER AGIR DIFERENTE (TEORIA
SOCIAL DA CULPABILIDADE)

49 6.2. TEORIA DA CULPABILIDADE COMO ATITUDE
INTERNA JURIDICAMENTE DESAPROVADA

50 6.3. TEORIA DA CULPABILIDADE PELO PRÓPRIO CARÁTER

51 6.4. TEORIA DA CORRESPONSABILIDADE SOCIAL

CAPÍTULO II
A CULPABILIDADE E SUA RELAÇÃO COM OS PRINCÍPIOS CONSTITUCIONAIS PENAIS E O PRINCÍPIO DA DIGNIDADE DA PESSOA HUMANA

1. PRINCÍPIO DA DIGNIDADE DA PESSOA HUMANA

1.1. BREVE ESCORÇO HISTÓRICO

1.2. O QUE É DIGNIDADE DA PESSOA HUMANA?

1.3. DIGNIDADE DA PESSOA HUMANA COMO VALOR-FONTE DO SISTEMA CONSTITUCIONAL

1.4. DIGNIDADE DA PESSOA HUMANA E PRINCÍPIO DA PROPORCIONALIDADE

2. A CULPABILIDADE, SUA RELAÇÃO COM OS PRINCÍPIOS CONSTITUCIONAIS PENAIS E PRINCÍPIO DA DIGNIDADE DA PESSOA HUMANA

2.1. DIGNIDADE HUMANA NO ÂMBITO PENAL

2.2. PRINCÍPIOS CONSTITUCIONAIS PENAIS E PRINCÍPIO DA DIGNIDADE DA PESSOA HUMANA

2.3. PRINCÍPIO DA LEGALIDADE

2.4. PRINCÍPIOS DA INTERVENÇÃO MÍNIMA, SUBSIDIARIEDADE, FRAGMENTARIEDADE, OFENSIVIDADE E HUMANIDADE DAS PENAS

CAPÍTULO III
DA COCULPABILIDADE

1. PODER PUNITIVO X LEGITIMIDADE DO DIREITO PENAL

2. SELEÇÃO PENALIZANTE: CRIMINALIZAÇÃO PRIMÁRIA E SECUNDÁRIA

3. PRINCÍPIO DA CULPABILIDADE

4. COCULPABILIDADE

4.1. ORIGEM HISTÓRICA, CONCEITO E ASPECTOS RELEVANTES

4.2. A COCULPABILIDADE E O PRINCÍPIO DA DIGNIDADE DA PESSOA HUMANA

4.3. A COCULPABILIDADE COMO DENSIFICAÇÃO DO PRINCÍPIO DA CULPABILIDADE

100	4.4.	COCULPABILIDADE X CULPABILIDADE PELA VULNERABILIDADE: DISTINÇÃO
106	4.5.	COCULPABILIDADE X SELETIVIDADE NO DIREITO PENAL
108	5.	COCULPABILIDADE: UMA ANÁLISE A PARTIR DA CRIMINOLOGIA SOCIOLÓGICA
110	5.1.	TEORIA DA RESPONSABILIDADE SOCIAL DE ENRICO FERRI E COCULPABILIDADE: UM RETORNO AO DETERMINISMO?
112	5.2.	TEORIA SOCIOLÓGICA DA ANOMIA DE ÉMILE DURKHEIM
116	5.3.	TEORIA CRIMINOLÓGICA DA ANOMIA DE ROBERT MERTON
123	6.	A COCULPABILIDADE COMO FATOR SUPRALEGAL DE ATENUAÇÃO DA PENA - POSIÇÃO DOUTRINÁRIA MAJORITÁRIA E POSSÍVEIS FORMAS DE POSITIVAÇÃO NO DIREITO PENAL BRASILEIRO
129	6.1.	A CHAMADA "COCULPABILIDADE ÀS AVESSAS" E SUAS FORMAS DE MANIFESTAÇÃO
135	6.2.	ANÁLISE DA COCULPABILIDADE E SUA INCIDÊNCIA JURISPRUDENCIAL

147 CAPÍTULO IV
A COCULPABILIDADE COMO HIPÓTESE SUPRALEGAL DE EXCLUSÃO DA CULPABILIDADE POR INEXIGIBILIDADE DE CONDUTA DIVERSA

147	1.	EXIGIBILIDADE DE CONDUTA DIVERSA
148	2.	EXIGIBILIDADE DE CONDUTA DIVERSA COMO ELEMENTO DA CULPABILIDADE
148	2.1.	NA CONCEPÇÃO NORMATIVA E NA CONCEPÇÃO NORMATIVA PURA DA CULPABILIDADE
152	3.	CAUSAS LEGAIS DE EXCLUSÃO DA CULPABILIDADE POR INEXIGIBILIDADE DE CONDUTA DIVERSA
152	3.1.	COAÇÃO MORAL IRRESISTÍVEL
153	3.2.	OBEDIÊNCIA HIERÁRQUICA
153	4.	INEXIGIBILIDADE DE CONDUTA DIVERSA

159 5. INEXIGIBILIDADE DE CONDUTA DIVERSA COMO CAUSA SUPRALEGAL DE EXCLUSÃO DA CULPABILIDADE

162 5.1. COCULPABILIDADE COMO HIPÓTESE SUPRALEGAL DE EXCLUSÃO DA CULPABILIDADE POR INEXIGIBILIDADE DE CONDUTA DIVERSA

170 CONSIDERAÇÕES FINAIS

178 REFERÊNCIAS

184 REFERÊNCIAS NORMATIVAS

186 REFERÊNCIAS JURISPRUDENCIAIS

APRESENTAÇÃO

O livro que chega às suas mãos origina-se de uma dissertação por intermédio da qual Indaiá Lima Mota se tornou mestre em Direito. É, sobretudo, um libelo humanista. A autora verticaliza o conceito de coculpabilidade a partir da linha da dignidade da pessoa humana, e busca soluções concretas para minorar hipóteses de punição de pessoas vulneráveis, a partir da premissa da inexigibilidade de conduta diversa.

No caminho traçado até a defesa de sua dissertação, Indaiá debruçou-se sobre a evolução do conceito de culpabilidade, sem perder a compreensão de que ela é uma decorrência do princípio da dignidade da pessoa humana. E a relação entre culpabilidade e dignidade perpassa todo o trabalho.

A autora concebe a culpabilidade para além de uma visão anacrônica que compreende o instituto como mero juízo de censura ou reprovação. Para tanto, aborda as principais concepções em torno das quais se sedimentou o conceito de culpabilidade, desde a concepção puramente psicológica até as diversas concepções normativas, chegando a analisar algumas das teses mais atuais sobre o tema.

E o mote de sua abordagem está na crítica a posturas indiferentes diante da vulnerabilidade social que se manifesta em muitas pessoas que, em tese, praticaram condutas típicas. E para tratar desta questão, o trabalho transita pelas dúvidas, polêmicas e dilemas que pairam sobre a ideia de coculpabilidade e traz novos questionamentos.

Nesse contexto, percebe a coculpabilidade para além da ideia de que se trata de uma atenuante inominada. A hipótese sustentada é que é possível, diante das circunstâncias do caso concreto, considerar a coculpabilidade como uma forma de ampliar os espaços de exculpação em caso de vulnerabilidade social. Primeiro, como hipótese supralegal; em seguida, sugere sua inclusão expressa no Código Penal.

Como seu orientador, por diversas vezes debatemos sobre os rumos da pesquisa e via como a todo tempo Indaiá se mostrava a preocupada com possíveis indiferenças no tratamento jurídico-penal de pessoas vulneráveis.

Presenciei cada etapa vencida no trabalho, e posso afirmar que o fruto de sua pesquisa merece ser lido, pela qualidade, pelo nível do desenvolvimento e pela ideia central consolidada na pesquisa. Fico feliz que esta obra tenha sido publicada. Como costumo dizer, ninguém se esconde num trabalho acadêmico. Trata-se do coroamento de um conjunto de estudos que revelam, mais do que a acadêmica, a pessoa. Espero que aproveitem a leitura, assim como o fiz.

Salvador, outubro de 2022.

Sebástian Borges de Albuquerque Mello
Mestre e Doutor em Direito pela Universidade
Federal da Bahia (UFBA).
Professor Associado da graduação e pós-graduação (mestrado e doutorado) da UFBA.

INTRODUÇÃO

Este livro é fruto da dissertação de mestrado apresentada à Universidade Federal da Bahia (UFBA) a qual versou sobre a coculpabilidade como hipótese supralegal de exclusão da culpabilidade por inexigibilidade de conduta diversa. Após a defesa perante a banca examinadora, as pesquisas e os estudos acerca do tema prosseguiram –atualizações e alterações necessárias foram efetivadas ao longo do tempo. Consequentemente, posições mais firmes e amadurecidas foram tecidas no texto.

O estudo da coculpabilidade justifica-se pela necessidade de conhecimento do seu "genuíno" conceito, pois a doutrina ainda se ressente de estudos e pesquisas, o que *a priori* poderia ser uma dificuldade em decorrência da existência de poucas publicações e da disseminação de noções equivocadas acerca do tema. Por outro lado, desperta a busca por conhecimento acerca de seu significado e condições, quando poderá ser aplicada e quais tipos de crimes poderá ou não incidir. Não é (e talvez nunca será!) um tema pacífico, mas é justamente por esse motivo que as discussões e estudos nos estimulam a conhecer melhor sobre a questão da coculpabilidade e a buscar sua essência.

O Direito Penal não pode ficar alheio à realidade e ao estado de vulnerabilidade social ao qual estão submetidos os indivíduos que, em decorrência de um menor poder de autodeterminação e condicionados por condições sociais desfavoráveis, não raro são impulsionados em direção ao crime. Além disso, a coculpabilidade, ao observar o estado de vulnerabilidade social, o sujeito concreto e as condições sociais adversas quando da prática do delito, torna o Direito Penal – já tão seletivo, estigmatizante e vulnerador –, mais conectado com o mundo "real" que nos cerca, e, consequentemente, menos seletivo, mais humano, mais digno e mais justo.

Partindo de uma breve evolução histórico-dogmática do conceito de culpabilidade, com foco nas principais teorias e concepções acerca do tema, destacando também a culpabilidade como elemento do conceito analítico de crime, percorre-se aqui o caminho da análise da culpabilidade entendida como princípio até chegar à questão da coculpabilidade. Durante esse percurso são realizadas paradas estratégicas e necessárias para a compreensão do objetivo principal deste livro, que é enfocar a vulnerabilidade social como mais um condutor para que o sujeito pratique delitos, pois existem situações nas quais é inexigível do agente um comportamento conforme a norma, justamente em decorrência desse estado de vulnerabilidade. Portanto, apená-lo sem considerar esse estado é também desconsiderar o mundo real que nos cerca, todas as mazelas sociais e situações adversas pelas quais em algum momento um ser humano pode passar, especialmente os economicamente hipossuficientes.

Para tal desiderato o texto foi estruturado em quatro capítulos. No capítulo I apresentamos uma breve evolução histórico-dogmática do conceito de culpabilidade, enfocando as principais teorias e entendimentos acerca do tema. Enfocamos também a culpabilidade como elemento do conceito analítico de crime, bem como seus elementos constitutivos. A culpabilidade entendida como um princípio também mereceu destaque, de modo a explicitar uma das acepções nas quais o vocábulo culpabilidade pode ser também compreendido. Foi igualmente realizada a distinção entre a culpabilidade de autor e a culpabilidade de fato. Ao final do capítulo, foram enumeradas, de forma não exaustiva, algumas importantes teorias do conceito material de culpabilidade (dentre as muitas teorias existentes) somente como demonstração do fato de que a culpabilidade não possui somente um conteúdo formal, mas também um sentido material (conteúdo material) que é de suma relevância no estudo da culpabilidade no Direito Penal contemporâneo.

Por seu turno, no capítulo II foi explicitada a relação entre culpabilidade, alguns princípios constitucionais penais e o princípio da dignidade da pessoa humana, enfocando seu significado e importância no âmbito penal, análise fundamental também para a compreensão da coculpabilidade, já que o estudo desta deve ser efetivado em consonância com alguns princípios constitucionais penais aos quais fizemos referência nesse capítulo.

Após esse percurso fundamental para a compreensão da coculpabilidade, que é uma decorrência do princípio da culpabilidade chegamos então ao capítulo III. Nele foi primeiramente destacada a questão da legitimação do Direito Penal relacionando-a com o poder punitivo, com destaque para a seleção penalizante com foco na criminalização primária e na criminalização secundária. O princípio da culpabilidade foi mais bem explicitado no referido capítulo, para enfocar a coculpabilidade como uma decorrência, uma densificação do referido princípio por observar dentro do juízo de imputação não somente a reprovabilidade do fato ao seu autor, como também a corresponsabilidade estatal em face de sua negligência e omissão no tocante ao efetivo cumprimento dos direitos sociais. Sobre a coculpabilidade foi enfocada sua provável origem histórica e sua conceituação; sublinhada a distinção entre a coculpabilidade e a chamada culpabilidade por vulnerabilidade; observada a análise do caráter seletivo do Direito Penal e como a coculpabilidade pode ser um instrumento de amenização dessa seletividade não somente do Direito Penal, como também do sistema penal como um todo. Após seguir este *iter*, procedemos então a uma análise criminológica da coculpabilidade a partir da teoria da responsabilidade social de Enrico Ferri, da teoria da anomia de Émile Durkheim e da teoria criminológica da anomia de Robert Merton, sublinhando os pontos em comum ou não com a coculpabilidade.

Por derradeiro, foi enfatizado o entendimento doutrinário majoritário no tocante à coculpabilidade como circunstância atenuante genérica supralegal. Foi também efetivada, de forma não exaustiva, uma análise acerca de como a coculpabilidade tem sido encarada no âmbito jurisprudencial e as formas de manifestação da chamada coculpabilidade às avessas.

No capítulo IV a coculpabilidade foi examinada como uma hipótese de causa supralegal de exclusão da culpabilidade por inexigibilidade de conduta diversa.

CAPÍTULO I

DA CULPABILIDADE

1. EVOLUÇÃO HISTÓRICO-DOGMÁTICA DO CONCEITO DE CULPABILIDADE

A culpabilidade é um dos elementos da teoria do delito que mais evolui, pois acompanha a progressão da própria teoria do delito. Ela é também multifacetada: seu desenvolvimento teórico teve e tem a contribuição de diferentes teorias e concepções.

A culpabilidade é o conceito mais debatido da teoria do delito. Em toda a teoria do delito tem estado presente o homem, mas na culpabilidade o enfrentamos mais do que nunca. Por outro lado, todos os erros que, porventura, tenham sido cometidos nos estratos inferiores, aqui terão repercussão. Conforme salientam Zaffaroni e Pierangeli, "quando os alicerces de um edifício são mal construídos, o problema mais árduo é conseguir que suporte os últimos andares da obra. Por essas razões, a culpabilidade é o mais apaixonante estrato da teoria do delito" (ZAFFARONI; PIERANGELI, 2009, p.517).

É pacífico na doutrina que o fato antijurídico deve ser imputado ao seu autor. As opiniões divergem não somente em relação à terminologia adequada para expressar tal ideia, assim como também em relação às condições dessa imputação. A doutrina majoritária utiliza o termo culpabilidade como referência à exigência de imputação do injusto ao seu autor.

Contudo, Mir Puig salienta que vozes se levantam contra a conveniência do termo culpabilidade, entendendo o referido autor que a expressão "imputação pessoal" possui a vantagem de deixar mais claro que, nesta segunda parte da teoria do delito, trata-se somente de atribuir, ou seja, imputar o desvalor do fato penalmente antijurídico a seu autor, não se punindo uma "culpabilidade" do sujeito, mas exigindo que o fato penalmente antijurídico seja imputável a seu autor (MIR PUIG, 2007, p.409).

Em que pese o posicionamento do autor citado utilizaremos neste livro o termo utilizado pela maioria doutrinária, ou seja, o termo "culpabilidade".

O Código Penal brasileiro não conceitua o que seria culpabilidade, limitando-se a estabelecer em seu artigo 29 que quem, de qualquer modo, concorre para o crime incide nas penas a este cominadas, **na medida de sua culpabilidade**.

Em sentido lato, a palavra culpa, da qual deriva culpabilidade – ambas consideradas, frequentemente como sinônimas, para indicar um dos elementos estruturais do conceito de crime –, é de uso muito corrente. Ela é utilizada, conforme destaca Toledo, na linguagem comum, para a imputação a alguém de um fato condenável. Já o vocábulo culpa possui, na linguagem usual, o significado de atribuir a um sujeito um fato considerado reprovável. Destaca ainda o autor que se encararmos de forma direta a culpabilidade jurídico-penal, perceberemos que não estamos tratando de algo tão simples como *a priori* possa aparentar (TOLEDO, 2008, p.216).

Antes de toda a evolução no conceito de culpabilidade, a responsabilidade penal era objetiva e a pena ultrapassava a pessoa do autor do delito, podendo até mesmo atingir seus familiares.

> Numa antiga legislação da Babilônia, editada pelo rei Hammurabi (1728-1686 a.C.), […] se um pedreiro construísse uma casa sem fortificá-la e a mesma, desabando, matasse o morador, o pedreiro seria morto; se também morresse o filho do morador, também o filho do pedreiro seria morto. Imaginando, portanto, um julgamento "modernizado" desse pedreiro, de nada adiantaria ter observado as regras usuais nas construções de uma casa ou pretender associar o desabamento a um fenômeno sísmico natural fortuito e imprevisível. A casa desabou e matou seu morador, segue-se sua responsabilidade penal, não deixando de imaginar, igualmente, o julgamento do filho do pedreiro, a casa construída por seu pai desabou e matou o morador e seu filho, segue-se sua responsabilidade penal. A responsabilidade penal, pois, estava associada tão só a um fato objetivo e não se concentrava sequer em quem houvesse determinado tal fato, era uma responsabilidade objetiva e difusa. (BATISTA, 2002, p.102).

O Pacto São José da Costa Rica, também denominado Convenção Americana de Direitos Humanos, assinado em 22 de novembro de 1969 na cidade de San José, na Costa Rica, e ratificado pelo Brasil em setembro de 1992, preconiza no artigo 5º, 1, 3, que toda pessoa tem direito a que se respeite sua integridade física, psíquica e moral e que a pena não pode passar da pessoa do delinquente.

A Constituição Federal pátria, em seu artigo 5º, inciso XLV, também agasalha o princípio da intranscendência ao estabelecer que a pena não passará da pessoa do condenado, evidenciando um desenvolvimento teórico extremamente importante no tocante à responsabilidade penal.

Na antiga Grécia, verificamos que foi concebida unicamente a responsabilidade objetiva. O delito se alicerçava com base na violação da norma objetivamente apontada, sem levar em consideração a intenção do agente que a violava. Assim, era passível da mesma punição o agente que cometia um delito intencional ou aquele que cometia um delito não intencional. Em Roma, o conceito de responsabilidade passa por uma evolução, estabelecendo-se a distinção entre o dano produzido intencionalmente e o ocasionado por desatenção ou descuido (MACHADO, 2010, p. 35-36).

A culpabilidade como categoria sistemática se constrói décadas antes do fim do século XIX, ocupando o lugar que antes era do conceito de imputação. A história da imputação subjetiva e, consequentemente, do elemento individualizador da imputação, que representa a subjetividade do sujeito, é muito mais antiga que a da categoria culpabilidade. Karl Binding, em 1872, já utilizava a expressão culpabilidade ao invés de imputação moral ou *imputatio juris*. Essa troca de nomenclatura vem acompanhada de um grande desenvolvimento da categoria culpabilidade, contudo, tal categoria ainda não possuía autonomia valorativa dentro da teoria do delito. Apesar disso, cumpre destacar que o conceito de culpabilidade de Binding apresenta já importantes elementos próprios da missão individualizadora-garantista da culpabilidade, não se tratando da missão de individualização da imputação frente ao tipo de imputação (objetiva e geral) que representa a antijuridicidade. Seu conceito traduz uma missão culpabilística individualizadora, pois atende ao indivíduo concreto e a suas capacidades reais para conhecer as normas e cumprir com o dever imposto por elas. Nesse sentido, é mais individualizadora do que a concepção de culpabilidade de Liszt (COUSO SALAS, 2006, p.63-67).

Foi na Alemanha, nas últimas décadas do século XIX e sob a influência do positivismo cientifico, que a culpabilidade se solidificou como categoria lógico-jurídica diferenciada e autônoma, desvinculando-se da ideia de que ilicitude e culpabilidade se confundiam, não existindo, portanto, diferenciação e autonomia entre os seus conceitos, que faziam parte de uma categoria única dentro da estrutura do delito (MELLO, 2019, p.105).

A filosofia aristotélica possibilitou o desenvolvimento da primeira teoria da imputação. Aristóteles parte da função ética da pena, instrumento do bem e das virtudes, intimamente ligada à responsabilidade subjetiva. Sua teoria se fundamenta em uma distinção primária entre atos voluntários e involuntários, uma distinção a ser empregada pelo legislador como critério regulador para determinação das recompensas e castigos (FERNÁNDEZ, 1995, p.143).

Feitas essas considerações, passamos então a analisar, ainda que de forma breve, os pontos centrais e os entendimentos acerca das principais teorias da culpabilidade.

1.1. TEORIA PSICOLÓGICA DA CULPABILIDADE

A origem da categoria sistemática jurídico-penal da culpabilidade, no sentido que hoje a conhecemos, não pode, a rigor, situar-se antes da construção do sistema da teoria do delito. A doutrina reconhece o começo da teoria do delito no sistema Liszt-Beling, no qual puderam ser identificados pela primeira vez as quatro categorias tradicionais: ação, tipicidade, antijuridicidade e culpabilidade, esta última encarada agora como categoria autônoma dentro da teoria do delito. A base desse sistema se deve a Liszt, que propugnou por uma separação metodológica e valorativa entre injusto e culpabilidade e definiu o delito como o ato culpável, contrário ao direito e sancionado por uma pena (COUSO SALAS, 2006, p.72-73).

A teoria psicológica não era a teoria dominante no século XIX, mas era predominante em Liszt e sua escola. No século XIX, podem ser diferenciadas duas correntes. Uma delas é a teoria naturalista da culpabilidade influenciada pelo positivismo científico, que inicia em Von Buri e culmina com a teoria psicológica de Radbruch. Na referida corrente, ressalta-se a radical redução, realizada por Liszt, da culpabilidade a elementos psicológico-descritivos e que possui uma pretensão metodológica importante – a culpabilidade poderia ser constatada de forma geral e objetiva pelo juiz. A outra corrente se consubstancia na teoria da culpabilidade como um complexo de juízos, defendida por Merkel. Segundo este autor, a culpabilidade é um juízo de atribuição ao qual está unida com a imposição de uma pena, de forma que a medida desta depende das condições sob as quais a pena pode cumprir seu fim da maneira menos danosa possível, respeitando os interesses da sociedade (PÉREZ MANZANO, 1990, p.74-75).

O caráter científico do estudo dogmático da culpabilidade estava limitado pelo único conceito científico tido como válido na passagem do século XIX para o século XX: a concepção positivista da ciência natural. Considerações fora do método científico positivista, conforme enfatiza Sebástian Mello, poderiam comprometer o caráter científico do Direito, de modo que a estrutura da teoria do delito, surgida no final do século XIX, surgiu sob a influência do pensamento científico da época. Nesse cenário despontou, então, a chamada teoria psicológica da culpabilidade (MELLO, 2019, p. 106).

A teoria psicológica da culpabilidade, que teve como alicerce a doutrina causal-naturalista desenvolvida por Fran von Liszt e Ernst von Beling, concebia a culpabilidade como o vínculo psicológico entre o autor e o ato por este praticado. A culpabilidade seria analisada mediante pressupostos psicológicos que seriam o dolo e a culpa.

O sistema lisztiano, conforme já destacado, se completa com a contribuição dos estudos de Beling, tanto é assim que a doutrina os analisa como formando parte de um sistema integrado, chamado sistema Liszt-Beling, dentro da formulação clássica da teoria do delito. Mediante a teoria do tipo penal, Beling desenvolve no interior do sistema do delito um princípio político de garantia, o *nullum crimen sine praevia legge*, que coincide com uma das principais conquistas do liberalismo penal (FERNÁNDEZ, 1995, p.176).

Até o surgimento da concepção psicológica, ilicitude e culpabilidade confundiam-se, não havendo diferenciação e autonomia entre os seus conceitos, que faziam parte, então, de uma categoria única dentro da estrutura do delito. Ainda que já se tratasse de culpabilidade na segunda metade do século XIX, ela não representava um conceito autônomo e independente em relação à teoria do delito. Nesse sentido, podem ser destacadas, exemplificativamente, as obras de Merkel e Binding. A teoria unitária de Merkel, de 1867, faria com que a ilicitude e culpabilidade entrelaçassem-se num conceito superior de imputação (*Zurechnung*). Para Merkel, causalidade e culpabilidade não são coisas distintas; culpabilidade é a própria conduta causal digna de imputação, pois a causalidade envolve a produção do fato externo, assim como também a atividade das energias espirituais (MELLO, 2019, p.105).

Sinteticamente, a teoria psicológica da culpabilidade tem como cerne da culpabilidade a relação psíquica entre o autor e o fato por este perpetrado. Nessa concepção o dolo e a culpa não apenas pertencem à culpabilidade, como são as duas classes ou espécies de culpabilidade que constituem o gênero. Não são somente formas de culpabilidade, porque são a própria culpabilidade em uma ou outra de suas possíveis espécies. O vínculo de vontade que representa o dolo não constitui somente um requisito da culpabilidade, mas é a culpabilidade específica do delito doloso. A culpa é entendida como uma conexão psíquica imperfeita com o fato – como pressuposto da culpabilidade exige-se a imputabilidade (MIR PUIG, 2007, p.411).

O erro da concepção tradicional (teoria psicológica da culpabilidade) está na falta de consideração dos elementos individuais da culpabilidade. Ela considera somente o dolo e a imprudência, mas não a imputabilidade e tampouco as circunstâncias nas quais é praticado o ato. Existe, contudo, outro erro ainda mais relevante, a doutrina dominante determina a relação de culpabilidade, dolo e imprudência como a relação de gênero e espécie, quando na realidade trata-se de uma relação distinta (FRANK, 2004, p.37).

A concepção psicológica da culpabilidade não somente não consegue ordenar as formas possíveis de culpabilidade (dolo e culpa), como admite uma culpa inclusa em uma série de hipóteses às quais não se pode falar de culpabilidade. Um exemplo disso é que também os inimputáveis podem realizar concretamente o esquema psicológico do dolo e da culpa, mas não se pode dizer que são culpáveis (BETTIOL, 1995, p.156-157).

Ao nomear culpabilidade ao aspecto subjetivo do ilícito produziu-se uma confusão semântica, sendo difícil sustentar que tenha existido uma verdadeira teoria psicológica da culpabilidade, pois, esta palavra, tanto em castelhano como nas outras línguas de origem latina e mesmo no alemão, invoca uma dívida, algo que deve ser pago, ou seja, algo valorativo. Liszt pretendia trabalhar com um conceito descritivo, ou seja, existe ou não causação psíquica. Seu conceito de imputabilidade que evitava considerar a sua ausência como escusa absolutória era baseado na normal motivação e foi duramente criticado (ZAFFARONI, 2004, p.33).

Depreende-se que a concepção psicológica da culpabilidade ora analisada abarca a ideia de imputabilidade, até então entendida como um pressuposto para a existência da culpabilidade. A imputabilidade sob a óptica da teoria psicológica não é elemento da culpabilidade, mas seria uma condição necessária para a análise desta. Conforme a referida teoria, a imputabilidade deveria ser afastada nos casos de doenças mentais ou menoridade do sujeito, de modo que restaria excluída a culpabilidade.

Podemos então concluir que o inimputável não poderia possuir dolo ou culpa, pois para possuir dolo o agente necessariamente deveria também possuir culpabilidade, o que seria inadmissível em relação ao inimputável, já que a inimputabilidade, longe de ser um elemento da culpabilidade, era considerada um pressuposto desta. Em outras palavras, para existir dolo ou culpa com base na concepção psicológica, o sujeito teria que ser imputável. Eis uma das deficiências da teoria em apreço, pois não se pode considerar como espécies de culpabilidade o dolo e a culpa, pois são elementos de natureza distinta. O dolo é elemento de índole subjetiva, sendo a manifestação da vontade de realização de algo que foi previamente elaborado, enquanto a culpa é um conceito normativo, é a violação de um dever de cuidado objetivo.

O dolo e a culpa podem ser entendidos como formas opostas de culpabilidade; tem se reconhecido que o dolo e a culpa não constituem, todavia, em absoluto, a culpabilidade. Além do dolo e da culpa, existem outros elementos característicos, autênticos e independentes da culpabilidade, são eles a valoração da total situação psíquica do autor na teoria da imputabilidade e a exclusão da culpabilidade por causas especiais de exclusão da culpabilidade (MEZGER, 1958, p.191).

O ambiente positivista se formou a partir de uma construção da teoria do delito que dividia o crime em duas partes: a parte externa e a parte interna. A parte externa do fato identificava-se com o objeto da antijuridicidade, enquanto a parte interna referia-se à culpabilidade, apresentando-se como o conjunto de elementos subjetivos do fato. Assim como o injusto é definido como o conjunto de elementos subjetivos do fato, a culpabilidade é entendida como uma relação de causalidade psíquica, como o nexo que explica o resultado como fruto da mente do sujeito. Nesta concepção o dolo e a culpa não pertencem simplesmente a culpabilidade, são as duas classes ou espécies de culpabilidade. Não são formas de culpabilidade porque são a própria culpabilidade em uma ou outra de suas possíveis espécies (MIR PUIG, 2007, p. 410-411).

A única nota subjetiva que Liszt permite ingressar no terreno estrito da ação consiste no impulso da vontade equivalente à inervação muscular voluntária que caracteriza o movimento corporal. Fora do querer do movimento corporal não há outro elemento subjetivo no campo da ação, pois estamos diante de um sistema de separação inflexível entre elementos do ilícito. Todo o objetivo forma a parte do injusto, exceto esse impulso de vontade que impulsiona o movimento corporal. Todo o subjetivo se refere ao âmbito da culpabilidade (FERNÁNDEZ, 1995, p.170).

Da culpabilidade psicológica, entendida como consciência e voluntariedade do agente dirigida à ocorrência de um evento, se extrai como consequência o fato que a pena se impõe individualmente ao sujeito que realiza o ato (responsabilidade pessoal), a atribuição de culpabilidade se limita pelo ato realizado (responsabilidade pelo ato) e somente se é uma média de um nexo psicológico concretizado no dolo ou culpa (responsabilidade subjetiva) (HUAPAYA, 2008, p.1).

A despeito das deficiências da concepção em análise, esta teve como mérito o reconhecimento da responsabilidade subjetiva, abandonando a ideia de uma responsabilidade objetiva e impessoal. Foi também a partir dessa concepção que a culpabilidade passou a ser encarada como uma categoria jurídico-penal autônoma na estrutura da teoria do delito. Outro mérito da teoria analisada é o fundamento garantista da concepção psicológica da culpabilidade, uma vez que vincula a possibilidade de imposição da pena a critérios objetiváveis e verificáveis com os métodos das ciências naturais com as quais a intervenção punitiva se submete a limites mais certos (COUSO SALAS, 2006, p.80).

Apesar dos méritos da concepção psicológica da culpabilidade, esta também foi alvo de críticas e aperfeiçoamentos. Reinhard Frank efetivou uma mudança estrutural na teoria da culpabilidade com a teoria psicológico-normativa, também denominada teoria normativa. Umas das críticas efetuadas foi a de que a concepção psicológica da culpabilidade não explicava a imprudência como uma relação psicológica, uma vez que não existe na culpa inconsciente conexão psíquica entre o autor e a lesão. A imprudência não podia ser explicada como relação psicológica. Tentava-se explicar o caráter psicológico da culpa consciente atendendo-se ao conhecimento do perigo que a mesma pressupõe – nela não se quer a lesão, mas se prevê sua possibilidade (MIR PUIG, 2007, p.411).

Para superar a concepção de culpabilidade – entendida como relação psíquica entre o sujeito e seu ato –, Frank utilizou-se de um método diferenciado; "arrancou" da observação do uso da linguagem na vida cotidiana, nela procurando palavras que ao mesmo tempo tenham significação jurídica. E foi justamente no uso da linguagem comum que ele encontrou, trabalhando sobre alguns exemplos, certos fatores para medir a culpabilidade, afirmando que os tribunais medem a culpabilidade conforme as circunstâncias concomitantes (BATISTA, 2011, p.162-163).

O conceito psicológico de culpabilidade é constituído por dois elementos: a imputabilidade e a relação psicológica entre o autor e o fato por este praticado. Não havia ainda referência à exigibilidade de conduta diversa nessa concepção da culpabilidade, o que ocorreu a partir dos estudos da teoria normativa da culpabilidade.

A teoria em apreço desconhece a existência de uma causa de exclusão de culpabilidade equivalente à futura inexigibilidade de conduta diversa ou ao estado de necessidade exculpante. Apesar de apresentar uma definição de imputabilidade materialmente rica (incluindo o conteúdo normal e a força motivadora normal das representações), o que poderia ter compensado a deficiência citada, tal concepção reduz sua aplicação exclusivamente às causas de inimputabilidade previstas legalmente, não cabendo uma exclusão de culpabilidade em relação ao homem com desenvolvimento mental completo e mentalmente são, cuja consciência não se encontra afetada. Em síntese, a imputabilidade, dolo ou imprudência interessam bem mais para constatar a antissocialidade do autor do que reduzir a imposição de pena nos casos em que a conduta fosse evitável (COUSO SALAS, 2006, p.81).

Uma das deficiências dessa concepção reside no fato de que a influência da concepção meramente psicológica da culpabilidade, reduzida pela exigência do dolo e culpa como relações psicológicas entre autor e seu ato, contribuiu para o desconhecimento do princípio da culpabilidade como um princípio limitador do poder punitivo (VITALE, 1998, p.102).

Nesse passo e a partir de um ponto de vista direcionado para o respeito à pessoa e para a proteção à dignidade da pessoa humana, depreende-se que a culpabilidade psicológica não realiza a dignidade da pessoa humana, pois universaliza e engessa a culpabilidade em elementos subjetivos avalorativos, os quais, além de servirem para a consagração da imputação subjetiva, objetivam atribuir certeza e segurança na decisão judicial. Desse modo então, o rigor de suas categorias sistemáticas não permite a graduação no conceito de culpabilidade e consequentemente não leva em consideração o homem como fim em si mesmo (MELLO, 2019, p.112).

No mesmo sentido, é salutar explicitar que essa teoria denomina como culpabilidade aquilo que nós consideramos aspecto subjetivo do tipo, desaparecendo da teoria do delito a dimensão normativa no tocante à reprovação ao autor. Isso é o que permite que a teoria esteja perfeitamente amoldada a uma estrutura filosófica de cunho positivista sociológico, já que a questão da autodeterminação do sujeito para a concepção da culpabilidade em tela não tem nenhuma importância. Para esta teoria, portanto, não era necessário ajustar seus fundamentos em consonância com uma concepção antropológica, na qual o homem é um ente capaz de autodeterminar-se, podendo, então, fundamentar-se sobre uma base determinista (ZAFFARONI; PIERANGELI, 2009, p.519).

Pelas deficiências apontadas tornou-se inviável conceber a culpabilidade conforme preceitua a concepção psicológica da culpabilidade, já que todo conteúdo material da culpabilidade se esgotava basicamente no dolo e na culpa. Além disso, conforme já ressaltado, a concepção psicológica da culpabilidade não fez referência à exigibilidade de conduta diversa, o que somente veio a ocorrer com o surgimento dos estudos da teoria psicológico-normativa.

1.2. TEORIA PSICOLÓGICO-NORMATIVA

Em decorrência das deficiências da concepção psicológica da culpabilidade, surge a partir dos estudos de Reinhard Frank, considerado o seu idealizador, a denominada teoria psicológico-normativa ou normativa da culpabilidade. A referida teoria representou um grande avanço no tocante à evolução do conceito de culpabilidade, pois acresceu a ela o conceito de normalidade das circunstâncias nas quais atua o agente, redefinindo o conceito de culpabilidade. A culpabilidade passa então a ser um juízo de valor fundamentada na reprovabilidade da conduta e não mais com fundamento no vínculo psicológico entre o autor e o ato praticado. A teoria normativa é fruto do trabalho pioneiro de Frank e de aperfeiçoamentos teóricos desenvolvidos principalmente por Goldschmidt e Freudenthal.

A partir da análise da teoria normativa, resta nítido que não há uma teoria normativa, mas distintas explicações normativas, e seu ponto congruente está na realização de uma interpretação mais ampla do conteúdo da culpabilidade, rompendo a identificação da culpabilidade com o dolo e a imprudência própria da concepção psicológica naturalista da culpabilidade e introduzindo conceitos ou juízos de valor (MELENDO PARDOS, 2002, p.28).

A teoria normativa da culpabilidade representa uma das grandes alterações efetuadas no sistema moderno do delito, eliminando a explicação que reduz a culpabilidade a mero fenômeno psíquico, de uma simples relação intelectual ou psicológica entre o autor e o ato por este praticado. A teoria normativa, portanto, diverge do entendimento que descreve a culpabilidade como a conexão entre o agente e o resultado, inserindo o valor no âmbito mais profundo da culpabilidade, o que faz com que esta perca a sua natureza meramente descritiva, convertendo-se em uma valoração, em um juízo de valor que recai sobre a reprovabilidade da conduta praticada. (FERNÁNDEZ, 1995, p.197-198).

As circunstâncias concomitantes podem atenuar ou excluir a culpabilidade. Se o conceito de culpabilidade não engloba nada mais que a soma de dolo e imprudência, e isso segundo a consciente ou imprevista causação do resultado, poderia resultar absolutamente incompreensível a ocorrência da exclusão da culpabilidade no caso do estado de necessidade, uma vez que também o autor que atua em estado de necessidade sabe o que faz (FRANK, 2004, p.30).

Para Frank, a concepção tradicional de culpabilidade não tem como fundamentar a exclusão da culpabilidade no estado de necessidade exculpante, pois, nessa situação, o sujeito atua dolosamente, de tal modo que as circunstâncias concomitantes devem ser consideradas na apreciação da culpabilidade (MELLO, 2019, p.122).

Frank enriquece o conteúdo do elemento subjetivo do ilícito com a introdução do pensamento normativo. Conforme o critério utilizado pelo autor, na medição da culpabilidade transitam outros fatores além do dolo e culpa, denominadas circunstâncias concomitantes, atribuindo-lhes a extensão para não somente diminuir, como também para chegar até mesmo a excluir a culpabilidade. A partir daí, Frank reconsidera o estado de necessidade no ponto de sua localização sistemática, apreciando-o como uma autêntica causa de exclusão da culpabilidade (FERNÁNDEZ, 2004, p.17-18).

Frank concebeu pela primeira vez culpabilidade como reprovabilidade e considera como um de seus elementos a normalidade das circunstâncias sobre as quais o autor atua – se não há essa normalidade ocorrerá uma causa de exclusão da culpabilidade. O autor depois substituiu a denominação de circunstâncias normais concomitantes por motivação normal, abandonando posteriormente a motivação normal como elemento positivo da culpabilidade. Excepcionalmente não existirá culpabilidade, apesar de existir imputabilidade e motivação incorreta (dolo ou culpa), se concorre uma causa de exculpação ou de exclusão da culpabilidade (GOLDSCHMIDT, 2003, p. 84).

Corresponde à culpabilidade a natureza das circunstâncias sob as quais se realiza a ação. Anormais são as circunstâncias concomitantes que para o autor (ou às vezes para um terceiro) significam perigo. Por exemplo: para salvar-se de um perigo e no estado de necessidade, o autor realiza uma ação normalmente punível, mas não atua culpavelmente, assim falta culpabilidade com quem atua de forma idêntica em uma situação de defesa necessária, porque não se pode reprovar o autor por haver atuado sob estas circunstâncias (FRANK, 2004, p.51).

Frank não retirou o dolo e a culpa da culpabilidade. Consequentemente, a culpabilidade era então ao mesmo tempo uma relação psicológica entre o autor e o ato e um juízo de reprovação ao autor. Por seu turno, a imputabilidade não consiste em um pressuposto da culpabilidade, mas uma parte integrante desta.

A imputabilidade deixa de ser considerada como simples pressuposto da culpabilidade, distante da estrutura sistemática desta. Ao seu lado, aparecem as circunstâncias concomitantes, circunstâncias do fato que podem atenuar ou excluir a culpabilidade. Esse elemento da culpabilidade se transforma em desenvolvimentos posteriores realizados por Frank, no conceito de normal motivação e termina equiparado, na última edição de seu livro, às causas de exclusão da culpabilidade (FERNÁNDEZ, 1995, p.207).

Frank conclui que existe uma relação entre imputabilidade e pena, porém, essa relação não é outra a não ser a existente entre culpabilidade e pena – já a imputabilidade pertence à culpabilidade (FRANK, 2004, p.35).

Assim compreendida, a culpabilidade só podia ter um conteúdo heterogêneo, ou seja, o dolo e a culpa e a reprovação dirigida ao autor por seu dolo ou sua culpa. Tal fato contribuiu para que os autores divergissem acerca de como funcionavam esses elementos dentro da culpabilidade. Para Frank, podia haver dolo sem culpabilidade; já para Goldschmidt, o dolo como dado psicológico era um pressuposto da culpabilidade. Apesar de a concepção de Frank ser bastante clara e permitir o desenvolvimento posterior da doutrina, para o autor citado o dolo não era desvalorado e sim avalorado, o que posteriormente permitiu sua recolocação correta dentro da teoria do delito – a culpabilidade normativa ficou então liberta de seus elementos estranhos (ZAFFARONI; PIERANGELI, 2009, p.520).

Para que se possa reprovar alguém por seu comportamento, é necessário a existência de três pressupostos: uma aptidão espiritual normal do autor, que seria a imputabilidade; uma certa e concreta relação psíquica do autor com o fato; e a normalidade das circunstâncias sob as quais o autor atua (FRANK, 2004, p. 40-41).

Goldschmidt aperfeiçoa o conceito normativo de culpabilidade procedendo à diferenciação entre norma de direito, como exigência objetiva de comportamento exterior, e norma de dever, como exigência subjetiva de atitude pessoal conforme a norma de direito. Portanto, a diferença entre a norma de direito e a norma de dever possibilita, por um lado, fundamentar a reprovação do autor na consciência da antijuridicidade do tipo de injusto realizado (excluída ou reduzida nas situações de erro de proibição) e, por outro, fundar a exigibilidade de motivação conforme a norma de dever na normalidade das circunstâncias do fato (excluída ou reduzida nas situações de exculpação) (SANTOS, 2008, p.284-285).

A concepção normativa da culpabilidade enfrentou uma série de problemas quanto à sua natureza e estrutura, e estes se encontram enunciados no trabalho de Goldschmidt. Segundo o autor, a norma de dever é uma norma de motivação imanente a todo imperativo jurídico, mas está dotada de independência frente à norma de direito. Sua concepção normativa de culpabilidade está, quase completamente, destinada a defender a autonomia da norma de dever (NÚÑEZ, 2004, p. 75-76).

Conforme o pensamento de Goldschmidt, junto com a norma jurídica existe implícita uma norma de dever que impõe a cada um dispor sua conduta interna do modo necessário para que sua conduta externa possa corresponder às exigências impostas pelo ordenamento jurídico. Parte da ideia de que o sujeito se deixa motivar categoricamente pelo dever, conforme a convicção pessoal. Consequentemente, a norma de dever obriga o indivíduo a motivar sua conduta conforme a representação que tenha da possibilidade de ela estar proibida pela norma jurídica. A reprovabilidade jurídica se caracteriza por "não se deixar motivar pela representação de dever" (BRUNONI, 2008, p.144).

Entre as objeções direcionadas à tentativa de Goldschmidt de explicar que ao lado de cada norma de direito que determina a conduta externa existe uma norma de dever que exige uma correspondente conduta interior, merece destaque a objeção de que ao Direito é indiferente os motivos pelos quais o homem cumpre com seus deveres jurídicos exteriores, se é que ele os cumpre. Para o mencionado autor tal objeção repousa sobre um mal-entendido. A norma de dever que manda ao particular que se motive pelas representações de valor jurídicas não aspira a uma pureza interior dos sentimentos, mas se dirige à vontade de atuação, por isso ela exige que o motivo de dever seja eficaz, a menos que o particular já esteja decidido por outras razões a uma conduta conforme o Direito (GOLDSCHMIDT, 2002, p.144).

Em outros termos, a norma de dever marca o limite extremo da exigibilidade, que será, portanto, o fundamento das causas de exculpação e igualmente ao que ocorre em relação à inimputabilidade – a motivação anormal ou contrária à norma de dever não é penalmente reprovável (FERNÁNDEZ, 1995, p.209).

Um ponto em comum em relação ao entendimento de Goldschmidt e Frank é que ambos concordam que a culpabilidade é um conceito passível de graduação. Pode-se atribuir a Goldschmidt o mérito de desenvolver uma fundamentação teórico-jurídica mais sólida em relação à concepção normativa da culpabilidade. Também se deve a este autor o desenvolvimento da primeira teoria das causas de exculpação que ofereceu uma localização sistemática e mais consistente ao estado de necessidade exculpante dentro da categoria culpabilidade, consolidando com isso a sua separação em relação ao estado de necessidade justificante. Com a introdução do elemento normativo possibilitou também uma base para o futuro desenvolvimento da teoria da exigibilidade (COUSO SALAS, 2006, p.116).

A concepção de culpabilidade como violação de uma norma interna de dever igualmente contribui para a valorização do homem, dignificando suas motivações internas na consideração do delito. Apesar disso, evidencia um certo risco à concepção de dignidade humana, pois, no decorrer de seus estudos, Goldschmidt passou a utilizar como modelo da motivação normal a figura abstrata do homem médio, o que poderia acarretar uma teoria que não respeitasse diferenças individuais (MELLO, 2019, p.127).

Posteriormente, Freudenthal insere o conceito de inexigibilidade como fundamento geral supralegal de exculpação. O referido autor pretendeu ampliar significativamente a capacidade exculpante da inexigibilidade da conduta adequada ao direito, face oposta da exigibilidade e que ele deduzia do princípio romano "*impossibilium nulla esta obligatio*", especialmente em tempos de dificuldades sociais e que constituiu grave situação econômica e social para as classes trabalhadoras na Alemanha. Seu propósito era de humanizar o juízo da culpabilidade e realizar a justiça individual (COUSO SALAS, 2006, p.101).

Como panorama da ideia de inexigibilidade trazida por Freudenthal visualizamos, portanto, a difícil situação econômica e social que tinham que suportar as classes trabalhadoras existentes à época. O autor explicitamente sustenta que com sua teoria poderia absolver pessoas como a parteira que registrava o nascimento dos filhos dos mineiros da *Cuença del Ruhr* em dias úteis mesmo quando tivessem nascido em feriados, para que assim os pais pudessem ter o dia de folga sem que houvesse desconto nos salários, já que, se não agisse assim, ela perderia seu emprego. Há também o caso do caixeiro viajante que utiliza o dinheiro da empresa para custear as despesas com a viagem ou ainda a situação da jovem siciliana que mata o tio que a desonrou (FREUDENTHAL, 2003, p.86-88).

A contribuição primordial da concepção de Freudenthal se consubstancia no fato de que, pela primeira vez, relaciona-se a exigibilidade com o poder atuar de outro modo. Esse poder de atuação diferente fundamenta a exigibilidade da conduta adequada ao direito. E o modelo para a exigibilidade e também para a reprovabilidade vem expresso na situação individual em que o sujeito atua, conforme as circunstâncias do caso concreto. Todavia, a tendência individualizadora do poder de atuação diferente de Freudenthal é contestada por Goldschmidt, o qual prefere adequar a exigibilidade de atuação alternativa ao padrão do homem médio. Em sua valoração, a exigibilidade depende do poder médio de atuação diferente (adequada ao direito) (FERNÁNDEZ, 1995, p.210).

Apesar de Goldschmidt romper com o positivismo sociológico de Liszt, que definiu a culpabilidade como a relação subjetiva do autor com o resultado antijurídico, remonta o autor ao idealismo kantiano, que é perceptível pelas afinidades da sua norma de dever com o imperativo categórico. Relativamente ao conceito material de culpabilidade fundamentado por Goldschmidt na teoria da exigibilidade – sendo, pois o fundamento da imputação da culpabilidade, traduzido pela máxima "não se deixar motivar pela representação do dever" – este não é um conceito normativo, mas um princípio regulador componente da Teoria Geral do Direito, já que não possui nenhum conteúdo valorativo extremamente ético. Da mesma forma, não pode ser o fundamento material da imputação da culpabilidade. Além disso, responder que se reprova porque era exigível outra conduta do autor do delito é o mesmo que não deixar nítido qual o fundamento da imputação, o que é incompatível em um Estado Democrático de Direito (MACHADO, 2010, p.62).

Um dos méritos da concepção de Goldschmidt é que, a partir das bases da teoria das normas de dever, o autor desenvolveu o primeiro sistema completo de causas de exculpação, às quais serão diferentes das causas de justificação e das causas pessoais de exclusão da pena. Estes dois últimos grupos encontram seu fundamento na existência de um interesse objetivo preponderante e justificado, enquanto que as causas de exculpação têm seu fundamento na existência de um motivo subjetivo preponderante e aceitável em uma motivação anormal (utilizando a expressão cunhada por Frank), em uma situação que não se podia exigir ao autor nessas circunstâncias submeter-se ao motivo de dever (COUSO SALAS, 2006, p.99-100).

A evolução das ideais penais e o surgimento das novas perspectivas filosóficas mudou a concepção da teoria psicológica acerca da culpabilidade entendida a partir de influências naturalistas e livre de valores. A inspiração neokantiana introduziu o relativismo valorativo fazendo com que os valores ingressassem na teoria do delito e tal fato, consequentemente, gerou importantes repercussões na esfera da culpabilidade. Na culpabilidade, com os neokantianos se soma um componente normativo, o *"reproche"*. A proposta de Reinhard foi, em princípio, estabelecer de forma sistemática uma sede comum para as figuras da imputabilidade, o dolo, a imprudência e as causas de exclusão de culpabilidade, antes incorretamente entendidas como causas de justificação ou como causas de exclusão da pena. Por esses motivos e em meio a um deslocamento nitidamente antipositivista, desenvolveu-se a concepção de uma causa supralegal de exclusão da culpabilidade fundamentada sobre a noção de inexigibilidade e sob o critério da reprovabilidade (HUAPAYA, 2008, p.3).

O trabalho de Freudenthal começa denunciando uma grande verdade, ou seja, que ao homem comum o Direito Penal se tornou inacessível, quase como se tratasse de uma ciência oculta, e contra isso pretende se insurgir o autor, a propósito da reprovabilidade. A contribuição mais relevante que pode ser extraída da obra do mencionado autor é a exigibilidade penal formulada como matriz e base do juízo de censura. Foi a partir dessa constatação que a doutrina chegou a sustentar que a exigibilidade e a culpabilidade normativa nascem conjuntamente e permanecem relacionadas em todo o seu posterior desenvolvimento (FERNÁNDEZ, 2003, p. 27-29).

Baseando-se em Frank e em Goldschmidt, Freudenthal desenvolveu a inexigibilidade como causa geral supralegal de exclusão da culpabilidade. Se para o cometimento do delito foi necessário um grau de capacidade de resistência que normalmente não pode exigir-se a ninguém, falta o poder de censura e a reprovabilidade da culpabilidade (ROXIN, 1997, p.796).

Salienta ainda Freudenthal que existe a possibilidade de o sujeito praticar o fato antijurídico consciente e voluntariamente sem que se pudesse esperar do mesmo, segundo as circunstâncias, algo diverso do que efetivamente fez. Nesse caso, ainda que o sujeito tenha realizado o fato antijurídico com dolo, não haverá culpabilidade, pois atuou conforme qualquer outro sujeito atuaria, caso se encontrasse em circunstâncias idênticas a que estava submetido (FREUDENTHAL, 2003, p.64).

Freudenthal apresenta pela primeira vez – e sem margens para dúvidas – a existência de uma causa supralegal de exclusão da culpabilidade por inexigibilidade de uma motivação conforme a norma, não somente em relação aos delitos culposos como também para os delitos dolosos. Igualmente foi o primeiro autor a colocar a relação de exigibilidade como o poder de atuar de outro modo. Além disso, tem o mérito de superar os limites de uma referência puramente individual dos condicionamentos à liberdade, situando o problema da evitabilidade e da exigibilidade no contexto socioeconômico. Amplia também consideravelmente a capacidade exculpante da teoria da inexigibilidade – em decorrência disso, provocou a reação, muitas vezes inflamada, dos setores mais conservadores da doutrina alemã (COUSO SALAS, 2006, p.116).

A inexigibilidade é o fundamento dogmático comum a todas as causas de exculpação e representou a contraposição ao direito positivo de então, que somente considerava a possibilidade de exclusão da culpabilidade no estado de necessidade. Tal fato deu vazão para a exculpação supralegal com fundamento no conceito de inexigibilidade, significando não somente uma possibilidade de concretização dos direitos fundamentais como também de limitação ao *jus puniendi* estatal pelo magistrado. O sentimento de justiça do caso concreto desenvolvido por Freudenthal demonstra um humanismo e uma valorização da fragilidade humana em face de determinadas circunstâncias, sendo cristalina a conexão entre sua concepção de culpabilidade e o respeito aos direitos fundamentais do indivíduo (MELLO, 2019, p.130-131).

Apesar do exposto, também foram dirigidas críticas a respeito da adoção da inexigibilidade como causa supralegal de exculpação. Alguns autores, entre os quais Maurach, argumentaram que o efeito exculpante não deveria ser reconhecido sob o pretexto de que poderia afetar a força motivadora da lei e romper a barreira que esta estabelece diante dos desejos irreprimíveis de milhões (COUSO SALAS, 2006, p.106).

Conforme destaca Couso Salas, outra das objeções é que a teoria normativa, ao conceber a culpabilidade como um juízo de censura, mostraria que tal culpabilidade não estaria na mente do autor e sim na mente do juiz. A questão é complexa e diz respeito não a um problema metodológico e epistemológico da filosofia neokantiana. A referida concepção da culpabilidade também foi criticada por representar uma eticização do Direito Penal, o juízo de censura, o *reproche* ético da culpabilidade, deveria ser substituído por um juízo de censura, por um *reproche* utilitarista. Outra crítica dirigida à teoria normativa é que há uma confusão entre o objeto de valoração e a valoração do objeto (COUSO SALAS, 2006, p. 122-123).

O conceito psicológico-normativo de culpabilidade passou a ser constituído pela capacidade de culpabilidade (imputabilidade), relação psicológica concreta entre o autor e o fato praticado, e a exigibilidade de conduta diversa com fulcro na normalidade das circunstâncias de fato.

Deve ser ressaltado que, segundo o entendimento de Freudenthal, a inexigibilidade de conduta diversa é considerada o ponto de congruência de todas as causas legais e também supralegais de exclusão da culpabilidade, ampliando-se assim o rol das hipóteses de exclusão da culpabilidade, especialmente nas situações em que é inexigível do indivíduo um comportamento conforme a norma.

Ainda que a teoria normativa complexa da culpabilidade idealizada por Mezger não represente uma inovação significativa na evolução da teoria normativa, esta pode ser considerada um esforço integrador das diferentes orientações da concepção analisada, algo como um reflexo dos últimos trinta anos de discussão. Em todo caso, a sua postura pode ser classificada dentro da linha estabelecida por Frank, consequentemente, dentro da teoria normativa da culpabilidade. A obra de Mezger não somente representa um dos trabalhos mais importantes da dogmática jurídico-penal de sua época como também a alteração efetivada no sistema do fato punível após a acolhida dos postulados teóricos e filosóficos do neokantismo. Sob tais postulados propõe, então, um sistema de delito que distingue injusto e culpabilidade (COUSO SALAS, 2006, p.109).

O pensamento normativo que precede ao finalismo não poderia ser compreendido sem a contribuição de Mezger e sua teoria complexa da culpabilidade. Este conceitua a culpabilidade como o conjunto de pressupostos que fundamentam a reprovação pessoal ao autor pelo fato punível que tenha cometido. A complexidade do conceito de culpabilidade em Mezger é demonstrada no fato de que o juízo de culpabilidade acerca do fato e de seu autor se fundamenta em um conjunto de pressupostos fáticos e normativos (MELLO, 2019, p.133).

Para Mezger são elementos da culpabilidade: a imputabilidade, o dolo e a imprudência (formas de culpabilidade, mas não espécies desta) e a ausência de causas de exculpação, entre elas admite a inexigibilidade como causa supralegal de exclusão da culpabilidade, tanto para o dolo quanto para a imprudência. Todavia, recomenda aplicá-la com maior precaução que Freudenthal e adverte que com esse exculpante não se deve alterar as valorações derivadas da lei positiva, somente complementá-las (COUSO SALAS, 2006, p.111).

Estes foram, em linhas gerais, os principais aspectos da teoria psicológico-normativa da culpabilidade, que representou um fundamental avanço para a construção e evolução do conceito de culpabilidade.

1.3. TEORIA NORMATIVA PURA

A construção da teoria normativa pura da culpabilidade é fruto da obra de Hans Welzel, sob a influência dos estudos de Hellmuth von Weber e Alexander Graf zu Dohna.

A concepção da culpabilidade de Welzel é consequência da alteração sistemática que provoca sua teoria final da ação. A alteração introduzida por esse novo entendimento acerca do alicerce do sistema do delito é significativa. A ação não é meramente causal, isto é, um puro movimento corporal, impulsionado pela vontade e que causa uma mudança no mundo externo. A ação, para ser entendida como ação humana, não pode configurar-se apenas com o impulso da vontade, devendo incluir o conteúdo da vontade e sua direção, ou seja, a vontade de realização (COUSO SALAS, 2006, p.124).

A culpabilidade é a reprovabilidade da resolução da vontade. Em lugar da resolução da vontade antijurídica o autor poderia adotar uma resolução de vontade conforme a norma. Toda culpabilidade, é, pois, culpabilidade da vontade, somente aquilo que depende da vontade do homem pode lhe ser reprovado como culpável (WELZEL, 2004, p.126).

A partir dos estudos de Welzel a culpabilidade passou a ser entendida como reprovabilidade, consubstanciando um juízo de valor direcionado à conduta do autor. Houve, portanto, o deslocamento do dolo e da culpa para o tipo. A culpabilidade não mais abriga a parte subjetiva do fato, ocorrendo, portanto, um distanciamento em relação à concepção psicológica da culpabilidade, transmudando a concepção normativa do causalismo em uma concepção puramente normativa.

O finalismo excluiu do juízo de culpabilidade qualquer base empírica, concebendo a culpabilidade como puro juízo de valor, realizado sobre o poder de agir de outro modo. Contrariamente à proposição neokantiana que ainda reunia na culpabilidade os elementos empíricos, o finalismo demonstrou que os enunciados sobre a responsabilidade seriam consequência da ordem jurídica e não propriamente do fato injusto, este último já caracterizado no âmbito da tipicidade e antijuridicidade. Por esse motivo é que se diz que a culpabilidade havia se transportado da cabeça do autor para a cabeça do juiz. Com a normatização do juízo de culpabilidade, não há tão somente um choque de concepções, como também de metodologias, entre juízos de constatação e juízos de valor (TAVARES, 2011, p.127).

A teoria finalista e o conceito pessoal de injusto proposto por Welzel provocaram mudanças não somente na teoria do tipo quanto na teoria da culpabilidade, em decorrência do deslocamento do dolo (como consciência e vontade do fato) e da imprudência (como lesão do cuidado objetivo exigido) da culpabilidade para o tipo subjetivo de injusto, excluindo assim, os componentes psicológicos da culpabilidade. A culpabilidade, por fim, passou a se constituir em mero juízo de valor. Tal conceito define culpabilidade como reprovação de um sujeito imputável (o sujeito pode saber o que faz) que realiza, com consciência da antijuridicidade (o sujeito sabe realmente o que faz) e em condições de normalidade de circunstâncias (o sujeito tem o poder de não fazer o que faz), um tipo de injusto (SANTOS, 2008, p.286).

Segundo o entendimento da teoria finalista, o agir é o exercício da atividade finalista, portanto, acontecimento final e não somente causal. A finalidade da ação se fundamenta na capacidade do homem de prever as possíveis consequências de sua atividade, em extensão consciente, de assentar diversos objetivos e dirigir sua conduta, conforme um plano, no sentido do objetivo desejado (WESSELS, 1976, p.19).

São elementos da culpabilidade para a teoria normativa pura a capacidade de culpabilidade (imputabilidade), o conhecimento real ou possível do injusto e a exigibilidade de comportamento conforme a norma.

Roxin sustenta que o conceito normativo de culpabilidade sofreu uma modificação posterior por meio da doutrina finalista da ação, ao localizá-la sistematicamente já no tipo, o dolo e a infração objetiva do dever de cuidado nos delitos imprudentes e assim eliminar da culpabilidade os elementos que haviam constituído seu único conteúdo para a concepção psicológica da culpabilidade. Essa mudança foi introduzida incialmente a partir da doutrina finalista da ação e do injusto. Contudo, fundamentou-se também na tese de que somente dessa maneira se levaria adiante o conceito normativo de culpabilidade, já que os elementos subjetivos, o objeto da valoração, se separaram desse modo da culpabilidade, restando nela unicamente o critério da reprovabilidade, a valoração do objeto (ROXIN, 1997, p.796).

Para Welzel, a culpabilidade é um juízo de censura pessoal, um juízo de censura individualizador, rejeitando o juízo de culpabilidade enfocado de forma geral. O *reproche* de culpabilidade pressupõe que o autor poderia adotar sua resolução de vontade antijurídica de um modo mais correto, em outras palavras, conforme a norma e isso não no sentido abstrato de algum homem em lugar do autor, mas no sentido concreto desse homem nessa situação, o qual poderia ter adotado sua resolução de vontade conforme a norma. Esse problema, segundo o autor, se divide em outros dois, o problema do livre-arbítrio e o problema da imputabilidade, ou seja, capacidade concreta de culpabilidade (WELZEL, 2004, p.134).

É relevante salientar que a concepção de culpabilidade do finalismo tem uma relação e uma vinculação com um injusto pessoal e termina por construir uma concepção de culpabilidade pelo caráter e personalidade do agente. A estrutura da culpabilidade para o finalismo configura-se na culpabilidade, que é a reprovabilidade do fato antijurídico individual, cujo pressuposto existencial é a capacidade de autodeterminação livre (conforme um sentido) do autor, isto é, sua imputabilidade. A culpabilidade individual consubstancia-se, portanto, na concreção da capacidade de culpabilidade relativamente ao fato concreto individual (MELLO, 2019, p.148-149).

No tocante à inexigibilidade como exculpação supralegal, Welzel parece rejeitá-la para os delitos dolosos e a reconhece implicitamente para os delitos imprudentes, nos casos em que, ainda quando se afirme que a violação do dever de cuidado se produziu pelo cansaço ou excitação sem culpabilidade (medo, susto, entre outros fatores). Para casos excepcionais, reconhece um estado de necessidade exculpante supralegal, que, atendidos seus requisitos, na realidade, parece um estado de necessidade justificante supralegal que a jurisprudência alemã reconhecia desde 1927, apesar de sua consagração legal ter ocorrido somente em 1975 (COUSO SALAS, 2006, p.128).

Welzel não chega a explicar como pode ser fundamentada a responsabilidade do culpável por sua decisão de cometer o fato. Conforme o autor, é impossível conhecer de que forma a pessoa evita o delito e utiliza efetivamente seu autocontrole com a finalidade de atuar conforme o direito (JESCHECK, 2003, p.5-6).

A culpabilidade formal consiste, portanto, na totalidade dos componentes intelectuais e volitivos que são considerados normativamente como requisitos para a imputação pessoal. Já do ponto de vista material, a culpabilidade encontra seu embasamento na possibilidade de o homem concreto atuar conforme o direito quando atuou de maneira contrária a ele; é o denominado "poder atuar de outro modo", focado em uma ideia de liberdade de vontade que sustenta a reprovabilidade da conduta antijurídica. É este, então, o conceito material de culpabilidade finalista, o qual representa a base para as concepções contemporâneas de culpabilidade, seja para a reafirmação da ideia de liberdade, seja para a sua negação, em decorrência da ausência de verificabilidade empírica (MELLO, 2019, p.149-150).

2. CULPABILIDADE COMO ELEMENTO DO CONCEITO ANALÍTICO DE CRIME

2.1. CONCEITO

É cediço que, conforme o conceito analítico de crime, este é um fato típico, ilícito e culpável. A culpabilidade, por sua vez, como elemento do conceito analítico de crime, é um juízo de censura, um juízo de reprovação realizado sobre a conduta típica e ilícita de um sujeito.

Para que haja culpabilidade é necessário que o autor tenha tido a possibilidade exigível de compreender a antijuridicidade de sua conduta e que tenha atuado dentro de um certo âmbito de autodeterminação mais ou menos amplo, e que não tenha estado em uma pura escolha. Esses dois sustentáculos da reprovação jurídica impõem um conteúdo certo e difícil ao capítulo da culpabilidade, desautorizando, por conseguinte, a afirmação de "esvaziamento" do seu conceito (ZAFFARONI; PIERANGELI, 2009, p. 521).

O juízo de reprovação de culpabilidade tem por objeto a realização não justificada do tipo de injusto e por fundamento a imputabilidade, como conjunto de condições pessoais mínimas que capacitam o sujeito a saber o que faz, excluída ou reduzida em hipóteses de menoridade ou de doenças incapacitantes; a consciência da antijuridicidade, como conhecimento concreto do valor que permite ao autor imputável saber o que faz, excluída ou reduzida em casos de erro de proibição; e a exigibilidade de conduta diversa, como expressão de normalidade das circunstâncias do fato e indicação de que o autor tinha o poder de não fazer o que fez, excluído ou reduzido nas situações exculpantes (SANTOS, 2008, p.281-282).

3. ELEMENTOS

O Brasil adotou a teoria normativa pura da culpabilidade, decorrente da concepção finalista da ação, sendo elementos da culpabilidade a imputabilidade, a potencial consciência da ilicitude e a exigibilidade de conduta diversa. O objetivo aqui é somente o de enumerar os elementos da culpabilidade, enfocando a culpabilidade como elemento do conceito analítico de crime, objetivando demonstrar uma das acepções do termo culpabilidade. Não será realizada nenhuma análise profunda dos seus elementos.

3.1. IMPUTABILIDADE

É considerado imputável aquele que entende a natureza ilícita dos fatos e se determina conforme tal entendimento. A imputabilidade, portanto, é constituída de dois elementos, um intelectual, consubstanciado na capacidade de entendimento do caráter ilícito do fato, e outro volitivo, consubstanciado na capacidade de determinar-se conforme esse entendimento.

Conforme o artigo 26 do Código Penal brasileiro é considerado inimputável o agente que, por doença mental ou desenvolvimento mental incompleto ou retardado, era, **ao tempo da ação ou da omissão**, inteiramente incapaz de entender o **caráter ilícito do fato ou de determinar-se conforme esse entendimento**.

Sem a imputabilidade, o sujeito necessita de liberdade para comportar-se de modo diverso de como faz (poder atuar de outro modo). Tal categoria é o ponto neural da reprovabilidade, pois o núcleo da culpabilidade já não é a vontade defeituosa, da qual a imputabilidade era um pressuposto, mas as condições de atribuibilidade do injusto e essas condições giram em torno da ideia de "poder atuar de outro modo", que é a essência que Welzel confere à imputabilidade (MIR PUIG, 2007, 415).

Os termos culpabilidade, responsabilidade e imputabilidade são facilmente confundidos entre si, por tal razão é relevante distinguir entre imputabilidade e responsabilidade; tecnicamente, imputabilidade é a capacidade de culpabilidade, já a responsabilidade constitui um princípio segundo o qual toda pessoa imputável, dotada de capacidade de culpabilidade, deve responder pelos seus atos. Assim sendo, sempre que o agente for imputável, será, em certa medida, penalmente responsável; e se for responsável, deverá responder pelo crime praticado, suportando, portanto, na proporção direta de sua culpabilidade, as consequências jurídico-penais previstas legalmente (TOLEDO, 2008, p.313-314).

3.2. POTENCIAL CONSCIÊNCIA DA ILICITUDE

Para que haja o juízo de reprovação, se faz necessário que o sujeito conheça o caráter ilícito do fato ou que pelo menos tenha a possibilidade de conhecê-lo. Examina-se aqui se o sujeito poderia conhecer a proibição do fato, como condição para poder fazer a adequação de sua conduta à norma. Não é necessário que o sujeito conheça o dispositivo legal ou a pena prevista abstratamente para determinado ato, mas que saiba que sua conduta é juridicamente proibida.

A consciência da ilicitude consiste na capacidade de o agente de uma conduta proibida, na situação concreta, apreender a ilicitude do seu comportamento. A temática da consciência da ilicitude envolve dois aspectos: positivo (conteúdo da consciência da ilicitude) e negativo (falta de consciência da ilicitude). A consciência da ilicitude pode ainda apresentar-se em estado potencial ou atual. No primeiro caso, tem natureza meramente normativa; no segundo, que já implica no conhecimento de um desvalor, a ilicitude, não se trata de um puro conhecimento psicológico – trata-se de um ato de assimilação, apreensão, de intuição de valores (BRODT, 1996, p.123).

A ausência de conhecimento da proibição do fato – a ausência da potencial consciência da ilicitude – não afasta o dolo, mas permite no caso de erro de proibição inevitável a exclusão da culpabilidade. Caso o erro seja evitável, a culpabilidade será diminuída de um sexto a um terço dependendo do caso concreto. Nesse sentido, o artigo 21 do Código Penal estabelece que o erro sobre a ilicitude do fato, se inevitável, isenta de pena; se evitável, poderá diminuí-la de um sexto a um terço. O parágrafo único do citado dispositivo legal preconiza que o erro é considerado evitável quando o agente atua ou se omite sem a consciência da ilicitude do fato, quando lhe era possível, nas circunstâncias, ter ou atingir essa consciência.

3.3. EXIGIBILIDADE DE CONDUTA DIVERSA

Para que exista culpabilidade, para que a conduta de um sujeito seja reprovável, deve ser possível exigir do agente um comportamento diferente do que efetivamente praticou.

A exigência de comportamento conforme o direito depende das condições pessoais do agente no momento do desencadeamento dos fatos, uma vez que os níveis de exigência desse cumprimento variam conforme o comportamento exigido. Um setor da doutrina objeta, sem razão, conforme destaca Brunoni, que a desvaloração por exigibilidade de conduta diversa configura um elemento ético na estrutura da culpabilidade, cujo conceito de exigibilidade tende a reduzir de forma inadmissível as pretensões ou deveres normativos, em benefício exclusivo do interesse individual e em desfavor do ordenamento jurídico. Os motivos individuais do autor precisam de transcendência jurídica e a censura jurídico-penal deve sim ser inferida do "poder pessoal do autor", sem que com isso se debilite ou relativize a vigência das normas jurídicas, pois só pode ser punido aquilo que normalmente se pode exigir do agente segundo suas aptidões, vale dizer, conforme o nível individual do concreto autor na concreta situação em que atuou (BRUNONI, 2008, p.269-270).

4. CULPABILIDADE COMO PRINCÍPIO

A culpabilidade é o juízo de censura, juízo de reprovação que recai sobre a conduta típica e ilícita do agente, podendo ser entendida com base em três sentidos ou acepções fundamentais, a saber: culpabilidade como elemento do conceito analítico de crime, culpabilidade como critério determinador da pena, e culpabilidade como fato impeditivo da responsabilidade penal objetiva.

Como elemento do conceito analítico de crime, concluindo que o agente praticou um injusto penal, procede-se à análise acerca da reprovabilidade ou não da conduta deste. Uma conduta reprovável é aquela em que, podendo agir conforme o direito, o indivíduo não agiu. O agente não atuará culposamente quando lhes faltar a imputabilidade, a potencial consciência da ilicitude ou a exigibilidade de conduta diversa. A culpabilidade difere dos demais elementos do crime, pois, conforme já salientado, seu estudo está em constante evolução e transmudação.

A culpabilidade, conforme também já asseverado, pode ser entendida como critério na aplicação da pena. Concluído que o fato é típico, ilícito e culpável, pode-se afirmar que houve infração penal. Nesse momento, então, deve o juiz observar as regras do critério trifásico de aplicação da pena. Conforme o artigo 59 do Código Penal, o juiz, atendendo à culpabilidade, aos antecedentes, à conduta social, à personalidade do agente, aos motivos, às circunstâncias e consequências do crime, bem como ao comportamento da vítima, estabelecerá, conforme seja necessário e suficiente para reprovação e prevenção do crime, a pena adequada ao caso concreto posto para a sua apreciação, a quantidade de pena aplicável dentro dos limites legais, o regime inicial de cumprimento da pena e a substituição da pena privativa de liberdade aplicada por outra espécie de pena, se cabível. O juízo de censura que recai sobre a conduta do agente não deve exceder ao limite necessário à reprovação pela infração penal perpetrada.

A culpabilidade pode também ser entendida como princípio impeditivo da responsabilidade penal objetiva. No âmbito penal, para que o resultado de determinada conduta seja atribuído ao agente, este deve ter praticado uma conduta dolosa ou culposa; não havendo nem dolo nem culpa, não houve conduta; inexistindo conduta, não houve fato típico e, na ausência deste, consequentemente não houve crime. Conforme o princípio da culpabilidade, a responsabilidade penal deve ser sempre subjetiva. O Código Penal pátrio afasta a responsabilidade objetiva ao estabelecer no seu artigo 19 que pelo resultado que agrava especialmente a pena, só responde o agente que o houver causado ao menos culposamente.

Convém ressaltar ainda o princípio da não culpabilidade (ou princípio da presunção da inocência). Preferimos a primeira terminologia, uma vez que a Constituição em seu artigo 5°, inciso LVII, não presume a inocência, e declara que ninguém poderá ser considerado culpado sem que haja sentença penal condenatória transitada em julgado; se o réu não pode ser considerado culpado até que sobrevenha sentença penal condenatória transitada em julgado, igualmente não pode também ser considerado inocente.

Nenhuma categoria do Direito Penal é tão controvertida quanto a culpabilidade e nenhuma é tão imprescindível quanto ela. Ela é controvertida por uma série de mal-entendidos, bem como é indispensável por constituir o critério central de toda imputação. Essa imputação de um acontecimento exterior a um homem determinado é o objeto único da dogmática jurídico-penal. É por isso que não pode existir Direito Penal sem princípio da culpabilidade – é possível conferir a esta outra denominação, mas não se pode eliminá-lo (ROXIN, 2004, p.47).

O conceito de culpabilidade pode ser utilizado sob diversas perspectivas. Nesse ponto, cabe fazermos uma distinção entre a culpabilidade concebida como princípio e a culpabilidade como elemento do conceito analítico de crime, já que há grande confusão na utilização das duas concepções.

A culpabilidade como elemento do conceito analítico de crime, é, portanto, o juízo de censura, de reprovabilidade que recai sobre a conduta típica e ilícita do sujeito, enquanto que a culpabilidade como princípio deve ser entendida como limite ao *jus puniendi* estatal, medida e fundamento da pena.

Concretamente, a ideia de culpabilidade proposta por Achenbach, entendida a culpabilidade como fundamento e medida da pena, tem incidência e deve manter-se na interpretação e aplicação dos preceitos legais sobre cuja base se estrutura a categoria dogmática jurídico-penal da culpabilidade. Se o que é tratado ao nível da ideia de culpabilidade é a justificação filosófica-política e ético-social da imposição da pena a um indivíduo, então os preceitos legais nos quais se decida a culpabilidade do autor ou sua exclusão e a interpretação e aplicação desses preceitos pelos tribunais (apoiados pelas construções dogmáticas da doutrina) devem tornar possível em cada caso concreto a realização dos pressupostos ético-sociais e filosófico-políticos da legitimidade da pena, isto é, que a nenhum autor se imponha uma pena que aparente ilegítima nesse sentido (COUSO SALAS, 2006, p.47-48).

Desde que a culpabilidade ganhou a sua autonomia sistemática como elemento do delito, o princípio da culpabilidade deixa de referir-se unicamente à exclusão da responsabilidade objetiva. Gradativamente vão sendo acrescentados significados distintos ao princípio da culpabilidade, os quais têm feito do referido princípio uma das peças centrais do Direito Penal, chegando-se ao ponto de ser qualificado como Direito Penal de culpabilidade (PÉREZ MANZANO, 1990, p.56).

O princípio da culpabilidade possui também conteúdo humanístico-garantidor, objetivando racionalizar o dever punitivo estatal, impondo-lhes limites com o propósito de que o sujeito infrator da norma penal tenha a segurança de que receberá resposta proporcional ao fato por ele cometido. Exige, por um lado, a atribuição pessoal do fato a seu autor, obstando a responsabilidade objetiva ou as presunções de imputação e, por outro, a observância da necessidade de uma categoria no conceito técnico de delito a que se reconduzam como pressuposto da direção da norma e da aplicação da pena, a exigência de que o sujeito seja capaz de resultar normalmente motivável pela norma e de que conheça ou possa conhecer a antijuridicidade de sua conduta (BRUNONI, 2008, p.30).

Como fundamento da pena, o princípio da culpabilidade pode ser concebido no sentido de saber se, em um determinado caso concreto, o sujeito merece ser reprovado por sua conduta delituosa. Como limite da pena, o referido princípio se consubstancia nas condições e circunstâncias que podem influenciar no *quantum* de pena que deverá ser imposta ao sujeito. Outra face importante do princípio da culpabilidade é o fato de que este representa a rejeição à responsabilidade objetiva ou responsabilidade pelo resultado, o que também corresponde a uma evolução no campo penal e mais especificamente uma evolução no tocante ao estudo da culpabilidade.

Nesse momento, a pretensão foi somente de apontar a distinção entre a culpabilidade entendida como elemento do conceito analítico de crime – ou seja, a concepção dogmática da culpabilidade – e a culpabilidade como princípio. Voltaremos a tecer maiores considerações acerca do princípio da culpabilidade no capítulo III.

5. CULPABILIDADE DE AUTOR E CULPABILIDADE DE ATO OU DE FATO

A culpabilidade pelo fato é uma conquista do Direito Penal moderno. De uma perspectiva histórica, durante muito tempo o autor era punido não pelo que fez, mas por ser quem ele é, ou seja, pela sua personalidade, por sua suposta periculosidade ou ainda por suas características fenotípicas.

Na concepção da Escola Positiva, o sistema penal se fundamenta não tanto sobre o delito e sobre a classificação das ações delituosas, consideradas abstratamente e independentes da personalidade do delinquente, mas sobre o autor do delito e sobre a classificação tipológica de autores. O desenvolvimento da Escola Positiva reforçou as características do delito como elemento sintomático da personalidade do autor, dirigindo sobre tal elemento a pesquisa sobre o tratamento adequado (BARATTA, 2011, p.39).

O Direito Penal que parte de uma concepção antropológica que considera o homem incapaz de autodeterminação, sem autonomia moral, isto é, sem capacidade para escolher entre o bem e o mal, é um Direito Penal de autor: o ato seria o sintoma de uma personalidade perigosa, que deve ser corrigida. Por outro lado, nem todo Direito Penal de autor funda-se em uma concepção determinista ou biológica do homem, havendo uma concepção do Direito Penal de autor que é também Direito Penal de culpabilidade e que não nega a autonomia moral do homem, ainda que, inegavelmente, leve à sua destruição, partindo do fato de que a personalidade que se inclina ao delito é gerada na repetição de condutas que inicialmente foram livremente escolhidas e, consequentemente, postula que a reprovação que se faz ao autor não é em relação ao ato, mas em decorrência da personalidade que este ato revela, ou seja, culpabilidade de autor (ZAFFARONI; PIERANGELLI, 2009, p.107).

Por Direito Penal do fato se entende uma regulação legal, em virtude da qual a punibilidade se vincula a uma ação concreta descrita tipicamente e a sanção representa somente a resposta ao fato individual e não a toda condução de vida do autor ou aos perigos que no futuro se esperam do mesmo. Em face disso, se falará em um Direito Penal de autor quando a pena se vincula à personalidade do autor. O que se converte em censura penal não é o fato cometido pelo autor, mas o que ele é (ROXIN, 1997, p. 176-177).

No Direito Penal de autor é a personalidade que é levada em consideração e não o fato praticado pelo agente. A tipologia etiológica tem por objetivo detectar o autor sem que seja preciso esperar a realização da conduta; portanto, não se coíbe subtrair coisa alheia móvel, mas ser ladrão, por exemplo. Não se despreza o fato, contudo, este tem apenas significação sintomática, e presta-se somente como ponto de partida ou como pressuposto da aplicação penal (BRUNONI, 2008, p.47).

O Direito Penal do ato concebe o delito como um conflito que produz uma lesão jurídica, provocado por um ato humano como decisão autônoma de um sujeito responsável que pode ser censurado e, consequentemente, a quem pode ser retribuído o mal na medida de sua culpabilidade (ou seja, da autonomia da vontade com que atuou). Esse discurso não pode legitimar a pena porque ignora por completo a estrutural e inevitável seletividade da criminalização secundária. Contudo, ao incluir a retribuição jusprivatista em sua proposta, ele tem inquestionável vantagens sobre o Direito Penal de autor. Assim sendo, exige que os conflitos se limitem aos provocados por ações humanas, exige uma estrita delimitação dos conflitos na criminalização primária e exige que a culpabilidade pelo ato constitua o limite da pena. Processualmente, exige um debate entre as partes, cingido ao que seja a matéria acusatória. Apesar de nenhum desses princípios ser cumprido estritamente, não há dúvida de que as agências jurídicas que os assumem decidem com menos irracionalidade e violência que as demais (ZAFFARONI et al., 2003, p.134).

No tipo normativo de autor, o termo normativo significa o estabelecimento de um barema ou módulo valorativo. O fato concreto é medido por um barema de uma imagem ou por um modelo de autor típico e somente se tal fato se ajustasse a esse barema é que se enquadraria ao tipo legal. Tal tipo de autor caracteriza algo substancialmente distinto do tipo criminológico de autor, relativamente a este, o que é levado em consideração é a personalidade totalmente individual do autor consoante as características criminológicas do delinquente habitual, o que constitui uma constatação empírica. No tipo normativo de autor se trata somente de saber se o fato concreto se ajusta à representação que faz o intérprete do modo de atuar de um autor típico, o que pressupõe um juízo de valor (ROXIN, 1997, p.182).

No plano jurisdicional, o princípio normativo da separação entre direito e moral, que contribui para o fortalecimento da liberdade política e é conteúdo irrenunciável do Estado de Direito, exige que o sujeito seja julgado pelo que fez, e não pelo que é. O objeto de julgamento, portanto, deve ser o fato, o único que pode ser empiricamente provado pela acusação e refutado pela defesa (NASCIMENTO, 2011, p. 62).

Não restam dúvidas de que na culpabilidade do ato também se levará em conta a personalidade, contudo, em sentido diferente e inverso, pois se reprovará o que fez em função de seu catálogo de possíveis condutas condicionadas por sua personalidade, enquanto que na culpabilidade de autor a personalidade é que é reprovada. Na culpabilidade de ato é reprovado o ilícito em função de sua personalidade e das circunstâncias; na de autor reprova-se o que ele é em função do injusto. Uma culpabilidade de ato não legitima o exercício do poder punitivo e muito menos tem conteúdo ético porque é derrubado pelo dado da seletividade do poder punitivo. (ZAFFARONI, 2004, p.36).

Outro argumento dos adeptos de uma culpabilidade de autor é a afirmação de que o poder agir de outro modo supõe uma espécie de livre-arbítrio que não pode ser verificado no agente concreto – reside desse fato a necessidade de se construir a culpabilidade pela formação do caráter ou da personalidade. Contudo, essa afirmação também não só não resolve a questão, como a agrava mais ainda, pois é inegável que pena pressupõe culpa e esta, alguma liberdade para agir. Dessa forma, se for certo que o equívoco da teoria da culpabilidade do ato está na impossibilidade de demonstração do poder agir de outro modo do agente concreto, como desejam os adeptos dessas correntes por ser indemonstrável e inapreensível, podemos questionar se será mais fácil demonstrar e apreender a liberdade do sujeito de condução da própria vida e de construção da própria personalidade (TOLEDO, 1994, p.243-244).

O Direito Penal de autor pressupõe que o delito seja decorrente de um estado do autor, sempre inferior ao das demais pessoas consideradas normais – tal inferioridade é para uns de natureza moral e para outros de natureza mecânica. Os primeiros assumem expressa ou tacitamente a função de divindade pessoal; nesse caso o ser humano comete delitos que o colocam em um estado de pecado penal e quanto mais estiver envolvido nessa situação, será mais difícil para ela se desvencilhar e, consequentemente, terá menos liberdade para tal. Já os segundos, a de divindade impessoal e mecânica, entendem que o delito é o signo de um defeito em um mecanismo complexo, porém, que não deixa de se configurar uma peça complicada de outra ainda maior, a sociedade. O defeito no pequeno mecanismo acarreta um perigo para o mecanismo maior, ou seja, revela um estado de periculosidade (ZAFFARONI *et al.*, 2003, p.132).

Não há possibilidade de combinação de um Direito Penal de ato com um Direito Penal de autor com o objetivo de possibilitar a reprovação de ambos, porque ou a ação é a ele reprovada na circunstância concreta em que atuou ou o sujeito é por ela reprovado como fruto de sua conduta de vida. Qualquer tentativa de união de ambas as reprovações só pode resultar em uma culpabilidade de autor ou culpabilidade pela conduta de vida (ZAFFARONI; PIERANGELI, 2009, p.523).

A culpabilidade de autor não se coaduna, obviamente, com o Direito Penal moderno, o qual adota a culpabilidade pelo fato ou culpabilidade de de ato, ou seja, o sujeito é punido pelo que ele fez, pela conduta que praticou e não pelo que ele é ou por quem ele é. Na culpabilidade de ato o sujeito será reprovado pela conduta por ele praticada, sendo analisada a possibilidade de autodeterminação que teve na situação concreta. Contudo, lamentavelmente, visualizamos resquícios do Direito Penal de autor no Direito Penal pátrio e, de modo mais específico, em algumas decisões judiciais.

Em agosto de 2020, quando foi publicada a sentença proferida pela juíza Inês Marchaek Zarpelon, referente à ação penal nº. 0017441-07.2018.8.16.0196 da 1ª Vara Criminal da Comarca da Região Metropolitana de Curitiba, houve muita polêmica e discussões em decorrência de um trecho da citada sentença na qual a juíza afirmava que o réu Natan Vieira da Paz (que é negro) "**seguramente**" era integrante do grupo criminoso que estava então sendo julgado, em razão da sua "**raça**".

Conforme já ressaltado, além desse trecho em específico representar o lamentável, discriminatório (e preconceituoso!) ressurgir de um Direito Penal de autor, representa também o racismo estrutural (ou conforme entendimento de alguns estudiosos, o racismo institucional) existente em nossa sociedade e que também impregna o sistema penal brasileiro. Que sentenças como essa não sejam cada vez mais frequentes, pois põem em risco toda a evolução pela qual passou a culpabilidade, uma vez que, repita-se, o sujeito não deve ser punido por ser quem ele é, por sua raça ou com fundamento em qualquer outro tipo de preconceito, mas sim pela reprovabilidade de sua conduta.

6. MODERNAS TEORIAS INFORMADORAS DO CONCEITO MATERIAL DA CULPABILIDADE

A culpabilidade entendida como juízo de censura, de reprovabilidade que recai sobre a conduta praticada pelo autor, constitui um conceito formal de culpabilidade, não indicando qual seria o seu fundamento.

O conceito material de culpabilidade ou conteúdo material da culpabilidade teria o mesmo significado de "ideia de culpabilidade" proposto por Achenbach. O conceito ou conteúdo material da culpabilidade já não se encontrará completamente separado da categoria sistemática jurídico-penal da culpabilidade, nem da culpabilidade como critério de medição da pena, pois essa categoria se construirá sobre a base do conceito material de culpabilidade – a distinção agora será puramente metodológica. A culpabilidade material é o valor de referência ou o critério valorativo central da categoria culpabilidade e tal categoria, criada pela dogmática, é a substancialização desse valor de referência, na ordenação e interpretação das disposições legais sobre culpabilidade, mas, também, na construção de uma causa supralegal de exclusão da culpabilidade que, em todo caso, estará integrada dentro da categoria culpabilidade com a qual se manteria o equilíbrio entre esta e o conceito material de culpabilidade (COUSO SALAS, 2006, p.51-52).

Para Jakobs, o que se chama de culpabilidade é um déficit de fidelidade ao ordenamento jurídico. A culpabilidade material pressupõe normas legítimas. Culpabilidade material, seria, então, a falta de fidelidade perante normas legítimas. As normas não adquirem legitimidade porque os sujeitos se vinculam diretamente a elas, e sim quando se atribui a uma pessoa que pretende cumprir um rol de que faz parte o respeito da norma, especialmente o rol de cidadão, livre na configuração de seu comportamento. O sinalagma dessa liberdade é a obrigação de manter fidelidade ao ordenamento jurídico (JAKOBS, 2003, p.43).

Segundo Mezger a culpabilidade é o conjunto dos pressupostos que fundamentam a censura pessoal do autor pelo fato punível que cometeu. A imputação, considerada em si, pode ser definida como a culpabilidade formal e a censura (*"reproche"*), determinada enquanto conteúdo, como a culpabilidade material (MEZGER, 1958, p.189).

A importância de um conceito material de culpabilidade reside no fato de que, por meio desse conceito, se buscam argumentos que justifiquem o *jus puniendi* estatal, existindo diversas teorias com o objetivo precípuo de legitimar a imposição da pena. Neste tópico serão enunciadas algumas das principais teorias que possuem como substrato o conceito material de culpabilidade, não tendo a pretensão de analisar a fundo todas as teorias que expressam o conteúdo material da culpabilidade. Portanto, apenas serão apenas analisadas, e de modo sucinto, as teorias que podem suscitar dúvidas em relação à existência ou não de conexão com o tema proposto neste livro, ou seja, a coculpabilidade.

6.1. TEORIA DO PODER AGIR DIFERENTE (TEORIA SOCIAL DA CULPABILIDADE)

Pela teoria do poder agir diferente, reprova-se o sujeito que não se comportou conforme o Direito, enquanto "o cidadão tipo médio" o teria feito.

Welzel desenvolveu o critério do "poder agir de outro modo". Conforme seu entendimento, culpabilidade é a reprovabilidade, consistente na reprovabilidade ao autor por não ter se omitido em relação a uma conduta antijurídica, mesmo podendo agir de outro modo. Culpabilidade para o autor é a reprovabilidade à resolução da vontade (WELZEL, 2004, p.168).

A culpabilidade para essa teoria contém uma dupla relação: a ação do autor não se realizou como exigia o Direito e o autor podia tê-la realizado conforme a norma. Nessa dupla relação – de a ação "dever" ser jurídica e "poder" ser jurídica – é que consiste no caráter específico do *reproche* da culpabilidade. O objeto primário da reprovabilidade é a vontade e por meio dela também a totalidade da ação, pois somente algo que o homem pode voluntariamente é passível de ser censurado como culpabilidade (BRUNONI, 2008, p.168).

Destaca-se que tal teoria é aferida pelo critério da experiência do sujeito. Assim, o juiz indagará se uma pessoa média, nas mesmas circunstâncias vivenciadas pelo autor, teria agido como ele ou não. Para tal *mister*, o juiz não deve se valer do "gênero" homem, senão um "homem na medida", vinculado a valores juridicamente protegidos, que deve ser imaginado com as características do autor. O autor é pessoalmente reprovado porque se decidiu pelo injusto, embora tenha o poder de se decidir pelo direito (MACHADO, 2010, p.112).

A base interna do poder do autor é a capacidade atribuída de livre decisão, que assume como verdade a hipótese indemonstrável da liberdade da vontade – inicialmente em perspectiva concreta, posteriormente, em perspectiva abstrata. Na variante concreta, o poder de agir diferente atribuído ao autor individual é indemonstrável; já na variante abstrata, em que o poder de agir diferente é atribuído a qualquer outra pessoa no lugar do autor, a reprovação não incide sobre o autor, mas sobre uma pessoa imaginária no lugar do autor (SANTOS, 2008, p.287-288).

A recorrência ao homem médio, conforme pontua Sebástian Mello, na esteira do pensamento pós-finalista, surgiu das dificuldades de se estabelecer, num processo penal concreto, o "poder atuar de outro modo" de um ser humano individual. A impossibilidade de serem experimentalmente repetidas as condições e circunstâncias nas quais o sujeito se encontrava na situação particular, tornava difícil e até mesmo impossível comprovar empiricamente se o sujeito poderia ter atuado de outra forma quando cometeu o delito. Essa dificuldade gerou a criação de uma figura abstrata, o denominado homem médio. Nesse passo, com a criação dessa figura abstrata, a capacidade individual é substituída pela capacidade do sujeito ideal (MELLO, 2019, p.188).

Roxin sustenta que não se pode manter essa concepção, pois, apesar de sua plausibilidade teórico-cotidiana, ainda que se pudesse aceitar que fosse fundamentada na premissa indemonstrável do livre-arbítrio – e esta, nos limites relativamente estreitos que seus partidários a defendem –, essa concepção fracassa porque, nem sequer sob o pressuposto de uma liberdade de decisão teoricamente concebível, um poder atuar de outro modo do sujeito individual no momento do fato é suscetível de constatação científica (ROXIN, 1997, p.799).

A tese do homem médio foi alvo de críticas veementes, pois quando se adota um homem médio como barema, o poder punitivo – seja o Estado, seja o juiz – faz uma escolha que frequentemente pode ser preconceituosa e discriminatória, já que as características do homem médio são universalistas e inerentes às sociedades homogêneas ou antidemocráticas. Nesses casos, a censura direcionada ao sujeito é fundamentada na divergência entre a sua individualidade e a individualidade considerada padrão, indicada pelo juiz no caso concreto, deixando, consequentemente, indefinido o conteúdo do que se considera o comportamento padrão do cidadão médio (MELLO, 2019, p.197).

Pela análise dessa concepção, constata-se que, na verdade, o sujeito não é punido por sua culpabilidade, mas por não atuar conforme um barema do homem médio, conforme um homem "padrão", o qual possui seu comportamento tido como modelo. A culpabilidade aqui é encarada sob um ponto de vista impessoal, o que é inviável, desconsiderando a existência de um homem "real" face às circunstâncias do caso concreto. Esse comportamento padrão seria padrão para quem? Um homem médio? E como pode existir um barema do homem médio nos dias atuais?

Em uma sociedade plural e multifacetada como a nossa, pensar que pode existir um homem que atue conforme um "padrão" de comportamento é desconsiderar o mundo real, as singularidades de cada indivíduo, todas as transformações e metamorfoses pelas quais passam as pessoas. Além disso, não vivemos em uma sociedade do consenso e sim numa sociedade do conflito; não vivemos em uma sociedade homogênea na qual partilhamos valores comuns e sim em uma sociedade com inúmeras particularidades, que tornam cada situação, cada homem, cada comportamento ímpar e heterogêneo.

Por considerar o sujeito vinculado a um padrão ou modelo de comportamento, alheio à realidade social em que está inserido, sem levar em consideração o homem enquanto indivíduo e suas particularidades, tal concepção não tem relação com a coculpabilidade, pois esta busca justamente o oposto – ou seja, enxergar o homem "real" em uma situação de fato concreta –, e procura levar em consideração não somente a vulnerabilidade social do sujeito, como também a sua intensidade e como tal vulnerabilidade pode ter influenciado na prática do delito. Tudo isso para avaliar se, em determinadas situações, seria exigível ou não do sujeito um comportamento conforme o direito.

6.2. TEORIA DA CULPABILIDADE COMO ATITUDE INTERNA JURIDICAMENTE DESAPROVADA

Segundo esta concepção fundada por Gallas, a culpabilidade é reprovabilidade do fato em atenção à atitude interna juridicamente desaprovada que se manifesta nele. No âmbito da culpabilidade, se emite em uma contemplação generalizadora, orientada por parâmetros valorativos ético-sociais, um juízo de desvalor sobre a atitude global do sujeito face às exigências do Direito, atualizado no fato concreto. Seguem essa posição Jescheck (atitude interna juridicamente defeituosa) e Wessels (atitude interna juridicamente censurável, atitude defeituosa do sujeito) (ROXIN, 1997, p.800).

O fundamento da culpabilidade está na atitude interna desfavorável ao direito. O culpável é aquele que tem uma deficiência na sua atitude interna perante o direito, digna de reprovação, que se expressa por meio da prática de uma conduta delituosa. Tal entendimento origina-se do pensamento de Gallas e de sua conhecida distinção entre injusto e culpabilidade. Para o autor, a diferença entre ambos está na diferença entre desvalor da ação (relacionada com a ilicitude) e desvalor da atitude interna presente no fato (relacionada com a culpabilidade) (MELLO, 2019, p.188).

Conforme tal teoria, deve-se emitir juízo de desvalor sobre toda a posição do autor contrária às exigências do Direito, tal qual representou no fato concreto. A atitude interna está integrada pela totalidade das máximas de comportamento que servem de base à resolução delitiva – não tem de ser entendida, portanto, como disposição permanente do autor, mas como inclinação atual na formação da resolução delitiva. Tal concepção é criticada por não superar substancialmente o caráter formal da culpabilidade, não indicando, por conseguinte, o critério a partir do qual se possa desaprovar juridicamente a atitude interna do sujeito (BRUNONI, 2008, p.170-171).

Se a teoria apresentada não aponta um critério pelo qual a atitude interna do sujeito pode ser reprovada, tal fato pode ensejar, portanto, a análise de critérios não objetivos, dando vazão a preconceitos, o que pode acarretar uma culpabilidade de autor, a qual, pelos argumentos já expostos, não se coaduna com um Estado Democrático de Direito e não se relaciona com o objetivo almejado e proposto pela coculpabilidade.

6.3. TEORIA DA CULPABILIDADE PELO PRÓPRIO CARÁTER

Pela teoria da culpabilidade pelo próprio caráter, cada sujeito é responsável por sua personalidade, a qual é manifestada no delito.

Não importam as circunstâncias que fizeram da pessoa um autor: preceitua essa teoria determinista que cada um é responsável pelas características ou propriedades que lhe induziram ao fato, isso porque deve o agente responder por sua personalidade, em decorrência de que esta manifestou no fato as suas características pessoais contrárias aos valores jurídico-penais. A culpabilidade pelo próprio caráter implica no dever de tolerar a pena (MACHADO, 2010, p.116).

A primeira objeção contra tal concepção é que seria uma contradição atribuir a alguém a culpabilidade por um dado, sua disposição caracteriológica, da qual não é responsável, nada podendo fazer a respeito do assunto. Os argumentos em prol dessa teoria não servem de base para uma concepção empírico-racional do Direito Penal (ROXIN, 1997, p.803).

Tal teoria, além de ser uma concepção determinista (e entendemos que toda interpretação determinista deve ser rechaçada, pois dá margens a preconceitos e discriminações), se relaciona intimamente com um Direito Penal do autor, e, portanto, com uma culpabilidade de autor, que, como já exaustivamente salientado, representa um retrocesso, principalmente na constante evolução do conceito de culpabilidade e igualmente não se relaciona com a coculpabilidade que busca enxergar as circunstâncias do caso concreto para aproximar o Direito Penal não apenas da realidade como também do entorno do crime.

6.4. TEORIA DA CORRESPONSABILIDADE SOCIAL

Com esta teoria, Muñoz Conde centra o conceito de culpabilidade na motivação, a qual expressa a qualidade material do autor de haver podido evitar a infração normativa. Argumenta ainda que o conceito de culpabilidade tem correlação com a prevenção geral pois, antes que psicológico, seu fundamento é social. Culpabilidade, conforme entendimento do mencionado autor, não é um fenômeno individual, mas, social; não é uma qualidade da ação, mas uma característica que se atribui à ação para poder imputar alguém como seu autor e fazê-lo responder por ela. O fundamento material da culpabilidade deve ser investigado nas faculdades que permitem ao ser humano participar com seus semelhantes, em condições de igualdade, numa vida em comum pacífica e justamente organizada, isto é, na função motivadora da norma penal (BRUNONI, 2008, p.180-181).

A reconstrução do conceito de culpabilidade deve reconhecer uma dimensão social, pois não existe uma culpabilidade em si como um problema exclusivo do indivíduo, mas uma culpabilidade em referência aos demais. A culpabilidade é sempre consequência da convivência humana e, por essa razão, para compreender a essência da culpabilidade jurídico-penal, é necessário analisar a forma como se organiza a convivência humana. Muñoz Conde concentra então sua atenção na norma penal como sistema de expectativas. Nessa perspectiva, a culpabilidade pode ser definida formalmente como a declaração de frustração de uma expectativa de conduta determinada na lei penal que recai sobre seu autor e que possibilita a aplicação de uma pena. A partir dessa definição formal, o autor apresenta o problema do fundamento material da culpabilidade; sua resposta deverá necessariamente guardar relação com o pressuposto sociológico escolhido e com a ideia de que a culpabilidade tem uma dimensão social (COUSO SALAS, 2006, p.161-162).

Tal concepção explicita a necessidade de ser abandonada completamente a compreensão da culpabilidade enquanto fruto da ideologia individualista, típica da época de seu surgimento dogmático, para transformar-se em uma culpabilidade social. Isso porque será a própria sociedade que delimitará os limites do culpável ou inculpável. Em outros termos, é por meio da culpabilidade que se responde às perguntas por que e para que uma sociedade recorre à pena e por que o Estado a aplica, daí a necessidade de possuirmos um conceito material de culpabilidade. Buscando solucionar o impasse criado em torno do conceito material de culpabilidade. Muñoz Conde fundamenta esse conceito a partir da função de motivação da norma penal destinada à proteção de bens jurídicos, pois que esta se dirige aos indivíduos capazes de motivar seus comportamentos conforme os mandatos normativos. Como último preceito do conceito material de culpabilidade, reconhece o autor que o papel social do indivíduo serve para delimitar o âmbito da exigibilidade ao Direito (MACHADO, 2010, p.179-180).

A missão da culpabilidade não é evitar a prática de novos delitos, mas, sim, a definição com base nos princípios constitucionais regentes do Estado Democrático de Direito, dos critérios pelos quais é atribuído a alguém a condição de sujeito responsável pela prática de um crime. Cabe à culpabilidade a definição dos pressupostos formais e materiais da imputação do crime a um indivíduo determinado. Nem a prevenção geral e nem a prevenção especial têm como substituir a culpabilidade, já que as necessidades preventivas permitem que se estabeleçam critérios de imputação sem que com isso se recorra a uma ideia de pessoa. As teorias preventivas permitem a imputação da pena sem que seja necessário perquirir as condições concretas em que um sujeito deve ser considerado responsável pela prática de um determinado fato ilícito e muito menos permitem uma imputação pessoal e individualizada (MELLO, 2019, p.326).

Na concepção de Muñoz Conde, o conceito de culpabilidade teria relação com fins preventivos. No entanto, a culpabilidade, conforme entendimento do autor acima citado, com o qual concordamos, não se propõe a evitar que novos delitos ocorram na sociedade – a culpabilidade não tem essa função, mas sim de estabelecer fundamentos que possam ser utilizados para apontar a reprovabilidade ou não da conduta de um indivíduo, para assim determinar sua responsabilidade penal e propiciar uma correta e justa individualização da pena.

Muñoz Conde reconhece no conceito de culpabilidade um substrato social que, contudo, não se confunde com o substrato social, ao qual se remete a coculpabilidade (que diz respeito à análise da vulnerabilidade social e sua influência na eclosão do crime). A coculpabilidade busca analisar a situação de fato concreta de um sujeito determinado, seu estado de vulnerabilidade social e como essa vulnerabilidade impulsionou o sujeito para a prática do crime, possibilitando assim uma adequada e justa individualização da pena. Além disso, assim como a culpabilidade não tem fins preventivos, a coculpabilidade também não tem tal função.

Muñoz Conde também fundamenta o seu conceito material de culpabilidade a partir da função de motivação da norma penal e enfatiza que esta, por sua vez, é direcionada aos sujeitos que são capazes de motivar seus comportamentos segundo os preceitos legais; eis mais um ponto de distinção entre a teoria em análise e a coculpabilidade, pois os sujeitos que estão em uma situação de intensa vulnerabilidade social não são capazes de se motivarem conforme a norma, uma vez que estão em uma situação de motivabilidade anormal em decorrência dessa situação.

Do exposto, entendemos que a teoria de Muñoz Conde também não se relaciona e é distinta da ideia trazida pela coculpabilidade.

CAPÍTULO II

A CULPABILIDADE E SUA RELAÇÃO COM OS PRINCÍPIOS CONSTITUCIONAIS PENAIS E O PRINCÍPIO DA DIGNIDADE DA PESSOA HUMANA

1. PRINCÍPIO DA DIGNIDADE DA PESSOA HUMANA

1.1. BREVE ESCORÇO HISTÓRICO

Inicialmente faremos um breve panorama geral da evolução do princípio da dignidade humana somente para situá-lo historicamente.

> O cristianismo marca impulso relevante para o acolhimento da ideia de uma dignidade única do homem, a ensejar a proteção especial. O ensinamento de que o homem é criado à imagem e semelhança de Deus e a ideia de que Deus assumiu a condição humana para redimi-la imprimem à natureza humana alto valor intrínseco, que deve nortear a elaboração do próprio direito positivo (MENDES; COELHO; BRANCO, 2008, p.232).

Por sua vez, Ingo Sarlet ressalta que não concorda com o entendimento de que o cristianismo, diante das diversas religiões professadas pelo homem ao longo dos tempos, está apto a reivindicar a exclusividade e originalidade quanto à elaboração de uma concepção de dignidade humana. Eis o entendimento do autor, *in verbis*:

> Muito embora não nos pareça correto, inclusive por nos faltarem dados seguros quanto a este aspecto, reivindicar – no contexto das diversas religiões professadas pelo ser humano ao longo dos tempos – para a religião cristã, a exclusividade e originalidade quanto à elaboração de uma concepção de dignidade da pessoa, o fato é que tanto no Antigo quanto no Novo Testamento podemos encontrar referências no sentido de que o ser humano foi criado à imagem e semelhança de Deus, premissa da qual o cristianismo extraiu a consequência - lamentavelmente renegada por muito tempo por parte das instituições cristãs e seus integrantes (basta lembrar

as crueldades praticadas pela "Santa Inquisição") – de que o ser humano – e não apenas os cristãos – é dotado de um valor próprio e que lhe é intrínseco, não podendo ser transformado em mero objeto ou instrumento (SARLET, 2010, p.32).

O conceito de dignidade humana tem conhecido várias fases em sua formulação histórica. Durante a época pré-moderna, dito valor derivava do parentesco unindo o homem com Deus e fazia do primeiro um ser excepcional por ser criado à imagem do primeiro. Em face das qualidades que lhes foram atribuídas o ser humano podia demonstrar sua grandeza e superioridade sobre os demais animais, pois o homem era o único ser valioso, posto que Deus outorgou somente a ele as capacidades mais nobres. O conceito de dignidade era assim um conceito religioso e as razões de seu surgimento devem ser buscadas no antropocentrismo promovido em grande parte pela religião judeu-cristã. Na época moderna, o conceito de dignidade foi reformulado – a dignidade do homem decorre de sua natureza humana, contudo, essa natureza não se desvincula de qualquer origem divina. A essa reformulação parcial do conceito se tem apontado uma mais profunda, a de que o homem é um fim em si mesmo e deve ser tratado como tal e não meramente como um meio. Essa nova formulação da dignidade se constituirá no âmbito jurídico com o surgimento dos Direitos Humanos, passando a ter uma abrangência horizontal no sentido de que os seres humanos são iguais entre si (PELÉ, 2005, p.9-10).

Um dos prismas do pensamento moderno é a convicção desenvolvida no sentido de que o verdadeiro fundamento de validade (do Direito em geral e dos Direitos Humanos em particular) já não deve ser procurado na esfera sobrenatural da revelação religiosa, muito menos em uma abstração metafísica, a natureza como essência imutável de todos os entes no mundo. Se o Direito é uma criação humana, o seu valor deriva, justamente, daquele que o criou. O que significa que esse fundamento não é outro a não ser o próprio homem, considerado em sua dignidade substancial de pessoa (COMPARATO, 2010, p.7).

No pensamento filosófico e político da Antiguidade clássica, a dignidade (*dignitas*) da pessoa humana correlaciona-se com a posição social ocupada pelo indivíduo e o seu grau de reconhecimento pelos demais membros da comunidade, daí ser possível falar em uma quantificação e modulação da dignidade. No pensamento estoico, a dignidade era tida como a qualidade que, por ser inerente ao ser humano, o distinguia das demais criaturas, pois todos os seres humanos são dotados da mesma dignidade, noção esta que está profundamente relacionada à noção de liberdade pessoal de cada indivíduo (SARLET, 2010, p.32).

Antes mesmo de seu reconhecimento jurídico nas declarações internacionais de direitos e nas Constituições de diversos países, a dignidade da pessoa humana aparece como um valor, nascida da própria experiência axiológica de cada cultura humana, submetida aos influxos do tempo e do espaço. Longe de ser enclausurado como um ideal metafísico, absoluto e invariável, o princípio da dignidade da pessoa humana deve, então, ser compreendido em sua dimensão histórico-cultural (SOARES, 2010, p. 129).

A dignidade da pessoa humana é expressamente prevista como um dos fundamentos da República Federativa do Brasil (artigo 1º, inciso III, da Constituição Federal de 1988). O referido princípio é considerado o núcleo ao redor do qual se encontram os direitos fundamentais. O artigo 5º, parágrafo 2º da citada Carga Magna estabelece um catálogo aberto dos direitos fundamentais ao preconizar que os direitos e garantias expressos na Constituição não excluem outros decorrentes do regime e dos princípios por ela adotados.

A Declaração Universal dos Direitos do Homem, de 10 de dezembro de 1948, reconhece em seu preâmbulo a dignidade da pessoa humana como valor supremo, considerando tal reconhecimento o fundamento da liberdade, da justiça e da paz no mundo.

O princípio constitucional da dignidade da pessoa humana se reparte em diversos outros princípios e regras constitucionais, formando uma estrutura de valores e finalidades a serem realizadas pelo Estado e pela sociedade civil, como forma de concretizar a multiplicidade de direitos fundamentais, expressos ou implícitos, da Carta Magna brasileira e, consequentemente, da normatividade infraconstitucional derivada (SOARES, 2010, p.137).

Kant prestou um grande contributo à noção de dignidade humana. Para o autor todo ser humano tem um direito legítimo ao respeito de seus semelhantes e está, por sua vez, obrigado a respeitar todos os demais. A humanidade é ela mesma uma dignidade, pois um ser humano não pode ser usado meramente como um meio por qualquer ser humano, quer por outros, quer por si mesmo, mas deve sempre ser usado ao mesmo tempo como um fim (KANT, 2003, p.306).

Para Kant, portanto, o homem é um fim em si mesmo, não um meio, pois é dotado de racionalidade, o que lhe confere dignidade, já que consoante seu entendimento é a racionalidade que torna o homem um fim em si mesmo.

É justamente no pensamento de Kant que a doutrina jurídica mais expressiva, tanto nacional quanto estrangeira, ainda hoje parece identificar as bases de uma fundamentação e de uma conceituação da dignidade da pessoa humana, tanto o pensamento de Kant quanto todas as concepções que sustentam ser a dignidade atributo exclusivo da pessoa humana. Encontram-se, ao menos em tese, sujeitas à crítica de um excessivo antropocentrismo, notadamente naquilo em que sustentam que a pessoa humana, em decorrência de sua racionalidade, ocupa um lugar privilegiado em relação aos demais seres vivos. Sempre haverá como sustentar a dignidade da própria vida de um modo geral, incluindo todas as formas de vida existentes no planeta, apontando o reconhecimento do que se poderia designar de uma dimensão ecológica ou ambiental da dignidade da pessoa humana (SARLET, 2010. p.39-40).

A ponderação do autor aqui exposta relaciona-se com a controvérsia existente acerca da atribuição de dignidade e direitos aos animais, que, apesar da relevância do tema nos dias atuais, foge à análise deste livro.

No período pós-guerra o conceito de dignidade, além de ter seu campo ampliado sobretudo pela doutrina kantiana, adquire consistência em relação ao seu conteúdo. Já nos anos 60 o conceito ganhou novos delineamentos doutrinários na obra de Niklas Luhmann, na qual o autor concebe a teoria funcional da personalidade, segundo a qual a dignidade humana não é uma característica inerente à pessoa, mas o resultado de uma construção da identidade da personalidade dentro da sociedade. O modelo luhmaniano foi objeto de muitas críticas, especialmente em face de não ser possível determinar com grau de exatidão quais os critérios de uma construção de identidade satisfatória (COSTA, 2008. p.30).

1.2. O QUE É DIGNIDADE DA PESSOA HUMANA?

Nunca se escreveu tanto sobre a dignidade humana e se firmou tantas declarações, convênios e constituições com a palavra dignidade como protagonista. Contudo, nunca também, como ocorre na atualidade, se tomou tanta consciência da sistemática violação à dignidade humana. Nas declarações de princípios éticos, com pretensões de universalidade, nas convenções e nas constituições democráticas, a palavra dignidade é muito utilizada, mas não se especifica o sentido que se confere a este vocábulo (TORRALBA ROSELLÓ, 2005, p.18-19).

Sarlet propõe uma conceituação jurídica da dignidade da pessoa humana, sendo esta a qualidade intrínseca e distintiva reconhecida em cada ser humano que o faz merecedor do mesmo respeito e consideração por parte do Estado e da comunidade, implicando, nesse sentido, um complexo de direitos e deveres fundamentais assegurados para a pessoa contra todo e qualquer ato de cunho degradante e desumano, como também venham a lhe garantir as condições existenciais mínimas para uma vida saudável, além de propiciar e promover sua participação ativa e corresponsável nos destinos da própria existência e da vida em união com os demais seres humanos, mediante o devido respeito aos demais seres que integram a rede da vida (SARLET, 2010, p.70).

A partir de uma perspectiva ontológica, dignidade significa dentro da heterogeneidade do ser, a categoria objetiva de um ser que necessita, ante si e os outros, estima, proteção e realização. Essa noção de dignidade se fundamenta na ideia de que é possível um acesso à natureza metafísica do ser humano. Ao se fazer referência à dignidade ontológica, faz-se referência diretamente ao ser da pessoa, o que se supõe que este ser, que é considerado como uma excelência, pode ser conhecido ou minimamente visualizado por meio da razão. A dignidade ontológica, portanto, se fundamenta em uma filosofia do ser segundo a qual o ente humano é digno de respeito pelo ser que sustenta sua natureza. Já a dignidade ética se fundamenta na dignidade ontológica, na dignidade de um ser que pode atuar livremente. Ainda que a dignidade em sentido ontológico seja estática – porque não muda ao longo do tempo –, a dignidade ética se transforma e muda ao longo do ciclo vital (TORRALBA ROSELLÓ, 2005, p.39-46).

Vista ainda sob outro ângulo, a dignidade do homem consiste em sua autonomia, isto é, na aptidão para formular as próprias regras de vida. Todos os demais seres no mundo são heterônomos, porque destituídos de liberdade. É por isso que o homem não encontra no mundo nenhum ser que lhe seja equivalente, isto é, nenhum ser de valor igual. Todos os demais seres valem como meios para a plena realização humana. Ou, reformulando a expressão famosa de Protágoras, o homem é a medida de valor de todas as coisas (COMPARATO, 2010, p.18).

A dignidade é inerente à essência humana. Todos são dotados de dignidade. Independentemente do ato delituoso que, porventura, venham a cometer, a sua dignidade deve ser respeitada e sua violação deve ser repudiada.

1.3. DIGNIDADE DA PESSOA HUMANA COMO VALOR-FONTE DO SISTEMA CONSTITUCIONAL

Entendido que o sistema constitucional é composto por princípios e regras que são espécies de normas, é essencial partir do conceito de sistema constitucional para análise do tema.

O sistema constitucional surge como expressão elástica e flexível que nos permite perceber o sentido tomado pela Constituição em face da ambiência social que ela reflete e a cujos influxos está sujeita. A terminologia "sistema constitucional" induz a globalidade de forças e formas políticas a que uma Constituição necessariamente se acha presa. O sistema constitucional, portanto, teria por objeto, primeiro, a Constituição propriamente dita; segundo, as leis complementares previstas pela Constituição; e, terceiro, todas as leis ordinárias que, do ponto de vista material, possam ser consideradas constitucionais (BONAVIDES, 2004, p.95-98).

Saliente-se que o caráter jurídico-normativo da dignidade da pessoa humana e, consequentemente, o reconhecimento de sua plena eficácia na nossa ordem constitucional foi alçado à condição de princípio e, portanto, valor fundamental do nosso Estado Democrático de Direito. Na sua perspectiva principiológica, a dignidade da pessoa humana atua no que partilha das características das normas-princípio em geral, como um mandado de otimização, ordenando algo (no caso a proteção e promoção da dignidade da pessoa) que deve ser realizado na maior medida possível, considerando as possibilidades fáticas e jurídicas existentes (SARLET, 2010, p.81-82).

No âmbito jurídico, ser digno consiste no reconhecimento como sujeito de direitos, em ser tratado como um sujeito que tem direito à vida, à liberdade, à segurança, à integridade moral e física e a todos os demais direitos que se desprendem de sua pertinência a uma comunidade jurídica. Nem sempre coincidem os limites da dignidade ontológica com os da dignidade jurídica. A adscrição da dignidade jurídica depende, nas sociedades democráticas, do legislador que, por sua vez, legisla a partir do consenso estratégico das distintas forças políticas que subsistem no cenário de uma determinada sociedade e representa a *vox populi*. A dignidade jurídica também pode relacionar-se com a virtude da justiça. O respeito ao direito do outro equivale ao respeito à sua dignidade enquanto homem. Na ordem sociopolítica, a dignidade se expressa em termos de justiça (TORRALBA ROSELLÓ, 2005, p.50-53).

O princípio da dignidade da pessoa humana identifica um espaço de integridade moral a ser assegurado a todas as pessoas apenas por sua existência no mundo; é um respeito à criação, independentemente da crença que se professe quanto à sua origem. A dignidade relaciona-se tanto com a liberdade e valores do espírito como com as condições materiais de subsistência. Não tem sido simples, contudo, o esforço para permitir que o princípio transite de uma dimensão ética e abstrata para as motivações racionais e fundamentais das decisões judiciais (BARROSO; BARCELLOS, 2012, p.40-41).

Quando o texto constitucional consagra princípios como o da dignidade da pessoa humana, isso provocará nítida influência no conteúdo do Direito Penal, cujos princípios e regras deverão estar relacionados aos limites inerentes às diretrizes básicas da ordem constitucional (MELLO, 2007, p.200).

A dignidade da pessoa humana, segundo já ressaltado, é fundamento dos direitos fundamentais, ao redor da qual estes convergem, mas também o fim de todos eles no sentido de que a dignidade da pessoa enquanto valor-fonte do sistema constitucional confere unidade aos demais dispositivos constitucionais. A dignidade da pessoa humana como valor-fonte do sistema constitucional consolida a ideia de ser esta parte que faz a interligação, atribuindo unidade valorativa e normativa ao sistema constitucional como um todo. O reconhecimento da dignidade da pessoa humana como um dos princípios fundamentais da República Federativa do Brasil é a expressão de que ela é um elemento fundamental para a harmonização desse sistema.

1.4. DIGNIDADE DA PESSOA HUMANA E PRINCÍPIO DA PROPORCIONALIDADE

O princípio da proporcionalidade possui um liame com o princípio da dignidade humana, e sua presença é essencial em qualquer Estado que se intitule um Estado Democrático de Direito. A doutrina tem reconhecido o referido princípio, servindo, portanto, como norte interpretativo.

O texto constitucional brasileiro não apresenta previsão expressa a respeito do princípio ora em pauta, todavia, isso não impede seu reconhecimento, pois, conforme já salientado, ele é imposição natural de qualquer sistema constitucional de garantias fundamentais, sendo ainda decorrência da experiência concreta, tópica, dos casos interpretados, nos quais surgiram conflitos de princípios, que a doutrina pôde extrair-lhe a essência para declará-lo existente. O princípio da proporcionalidade se impõe como instrumento de resolução do aparente conflito de princípios (NUNES, 2010, p.55).

Para a prevenção dos inúmeros conflitos resultantes de aspirações colidentes, com o objetivo de assegurar segurança jurídica nas relações sociais, justifica-se, frequentemente, a edição de leis que restrinjam o exercício dos direitos considerados, sem que, para tanto, exista uma específica autorização constitucional. Nesses casos, tem-se que a coexistência espaço-temporal de direitos pode ser validamente prevenida, desde que a tarefa de concordância prática respeite os limites dados principalmente pelo princípio da proporcionalidade (BARROS, 2000, p.175).

Humberto Ávila prefere denominar o princípio em apreço de postulado da proporcionalidade. Ressalta o autor que as dificuldades de enquadramento da proporcionalidade na categoria de regras e princípios evidenciam-se nas próprias concepções daqueles que a inserem em tais categorias, entendendo que a proporcionalidade merece uma caracterização e denominação distintas, preferindo então chamá-lo de postulado normativo aplicativo. No entanto, salienta que a denominação é secundária, o decisivo é fundamentar a sua operacionalidade (ÁVILA, 2005, p.90).

O princípio da proporcionalidade desdobra-se em três elementos ou subprincípios, a saber: adequação ou idoneidade, necessidade ou exigibilidade e proporcionalidade em sentido estrito. Quanto à adequação, este elemento se consubstancia no fato de que o meio escolhido deverá ser adequado para atingir o resultado objetivado. Quanto à necessidade, tal subprincípio preceitua que o meio escolhido deve ser o meio menos gravoso dentre os existentes para proteção dos direitos dos cidadãos.

É forçoso concluir que o princípio da necessidade traz em si o requisito da adequação. Só se fala em exigibilidade se o meio empregado pelo legislador for idôneo à persecução do fim constitucional. O juízo acerca da exigibilidade de uma medida restritiva se dará pela valoração complementar no caso concreto, que envolve uma avaliação sobre o grau de afetação do destinatário em função do meio eleito. O processo de avaliação da necessidade de uma medida legal restritiva de direito é controlável e pode ser em inúmeras situações respaldado por provas, assim como em relação ao subprincípio da adequação está ligada à otimização de possibilidades fáticas (BARROS, 2000, p.81).

Visualizando o princípio da proporcionalidade sob o âmbito do Direito Penal, tal princípio não deve atuar quando houver meios eficazes para a proteção dos bens jurídicos tutelados. Caso haja a necessidade de intervenção penal, esta deve ser limitada, já que o Direito Penal é a *ultima ratio*, só devendo ser convocado a atuar quando os demais ramos jurídicos não forem suficientes para a solução dos conflitos existentes no caso concreto.

O postulado da proporcionalidade não se confunde com a ideia de proporção em suas mais variadas manifestações; ele se aplica apenas a situações em que há uma relação de causalidade entre dois elementos empiricamente discerníveis, um meio e um fim, de tal maneira que se possa proceder aos três exames fundamentais: o da adequação, o da necessidade e o da proporcionalidade em sentido estrito. O postulado da proporcionalidade não se identifica com o da ponderação de bens, esse último exige a atribuição de uma dimensão de importância a valores que se imbricam, sem que contenha qualquer determinação quanto ao modo como deve ser feita essa ponderação (ÁVILA, 2005, p.112-113-116).

Em sentido estrito, a diferença básica entre o princípio da necessidade e o princípio da proporcionalidade está no fato de que o primeiro cuida de uma otimização com relação a possibilidades fáticas, enquanto o segundo envolve apenas a otimização de possibilidades jurídicas. A proporcionalidade *stricto sensu* encontra seu verdadeiro sentido quando conectada aos outros princípios da adequação e necessidade e, por isso mesmo, representa sempre a terceira dimensão do princípio da proporcionalidade. Quando estão em pauta situações nas quais não se pode concluir qual seria o meio menos restritivo, porque a configuração do caso é bastante ampla e com várias repercussões na ordem constitucional, somente a ponderação entre os valores em jogo pode resultar na escolha da medida (BARROS, 2000, p.83-84).

Cumpre ainda salientar que a proteção da *ultima ratio* de bens jurídicos pelo Direito Penal é limitada pelo princípio da proporcionalidade, que proíbe o emprego de sanções penais desnecessárias ou inadequadas em duas direções opostas: primeiramente, lesões de bens jurídicos com mínimo desvalor de resultado não devem ser punidas com penas criminais, mas, constituir contravenções ou permanecer na área da responsabilidade civil e segundo, lesões de bens jurídicos com máximo desvalor de resultado não podem ser punidas com penas criminais desproporcionais ou absurdas (SANTOS, 2008, p.6).

Concluímos que o princípio da proporcionalidade é um método interpretativo utilizado para a solução de conflitos existentes entre os princípios constitucionais que asseguram valores inerentes aos direitos fundamentais. No âmbito penal, se após a análise das circunstâncias judiciais o juiz concluir que estas são favoráveis ao agente, ele deve, portanto, atribuir uma pena que seja proporcional ao ato cometido pelo sujeito ativo. Agir de outro modo seria atribuir uma pena desproporcional, e, portanto, ferir não só o princípio da individualização da pena como também não balizar sua análise conforme o princípio da proporcionalidade.

2. A CULPABILIDADE, SUA RELAÇÃO COM OS PRINCÍPIOS CONSTITUCIONAIS PENAIS E PRINCÍPIO DA DIGNIDADE DA PESSOA HUMANA

2.1. DIGNIDADE HUMANA NO ÂMBITO PENAL

No âmbito penal, o princípio da dignidade humana adquire uma importância fundamental, pois é o Direito Penal o ramo jurídico que em muitas situações é violador da dignidade da pessoa humana. Além disso, é o meio mais gravoso de intervenção na liberdade individual. A dignidade da pessoa humana é também no âmbito penal considerado um valor constitucional.

A dignidade da pessoa humana é fundamento do Direito Penal contemporâneo. Esta afirmação deve ser entendida no sentido de que o Direito Penal é, atualmente, antropologicamente fundado, devendo ter como centro de preocupação a pessoa e sua dignidade, que deve permear todos os seus âmbitos, preenchendo-os de conteúdo material (COSTA, 2008, p.59).

> Qualquer que seja o fundamento, o Direito Penal, enquanto existir, estará no **centro do debate sobre a dignidade da pessoa humana e direitos fundamentais do homem**. Este debate surge desde o questionamento acerca da necessidade ou utilidade da intervenção penal, bem como suas raízes e limites, isto é, saber por que, quando, como e em que medida é possível admitir a ingerência punitiva do Estado. E qualquer discussão nesta linha passa pela ideia de dignidade, de direitos fundamentais e de proporcionalidade. Não se pode pensar o Direito Penal sem ter em vista que aquele que é julgado, processado e condenado é um ser humano e, como tal, possui um valor intrínseco mínimo que merece ser preservado. (MELLO, 2019, p.22, grifo nosso).

Como princípio constitucional penal, a dignidade da pessoa humana se configura, por exemplo, no fato de que a própria Constituição Federal veda a pena de trabalhos forçados. Registrando, porém, que o que a Carta Magna quis vedar não foi o trabalho do preso, que está regulamentado em linhas gerais pela lei de execução penal (Lei 7.210 de 11 de julho de 1984), mas, sim, que este execute trabalhos em condições degradantes ou humilhantes que atentem, portanto, contra a sua dignidade. Nesse sentido, é vedada também a pena de morte, salvo em caso de guerra declarada nos moldes do artigo 84, XIX da Constituição. São também vedadas as penas de caráter perpétuo, trabalhos forçados, penas de banimento e cruéis, tudo em nome da preservação da dignidade da pessoa humana.

2.2. PRINCÍPIOS CONSTITUCIONAIS PENAIS E PRINCÍPIO DA DIGNIDADE DA PESSOA HUMANA

Há, cada vez mais, uma íntima relação entre Constituição e Direito Penal, especialmente pelo fato de que o Estado passa a ser não só garantidor dos direitos individuais do cidadão, mas também um Estado ativo e preocupado com os interesses coletivos dos mesmos, merecendo destaque a constitucionalização dos princípios penais, com ênfase para quatro ideias principais: a limitação do poder punitivo estatal, a busca do equilíbrio entre o *status libertatis* do cidadão e o *jus puniendi* do Estado, a ideia de que não há direito absoluto, nem mesmo o direito de punir do Estado e a permissão de que o direito de punir do Estado evolua com as novas formas delituosas que surgem ao longo dos tempos, buscando sempre respeitar os princípios constitucionais para dar efetividade ao Direito e permitir o balanceamento entre evolução jurídica e estabilidade (MOURA, 2006, p.16-17).

Os princípios fundamentais no Direito Penal derivam de todo o sistema jurídico do Estado, são deduzidos da realidade social criminógena ou se encontram positivados na lei penal. São invocados e aplicados na prevenção, combate e repressão dos delitos e faltas penais, com a finalidade de controle social e penal da delinquência, com o objetivo de realizar a justiça penal, e dar a cada qual segundo os atos ilícitos e sociais praticados, dentro dos limites e garantias, uma pena justa e proporcional ao fato delitivo (ESPINOZA, 2002, p.1).

Depreende-se, portanto, que alguns princípios constitucionais penais instrumentalizam a aplicabilidade do princípio da dignidade da pessoa humana. Nesse sentido, uma vez violados, será consequentemente também violada a dignidade humana.

2.3. PRINCÍPIO DA LEGALIDADE

O princípio da legalidade preceitua que não há crime sem lei anterior que o preveja e está insculpido no artigo 1º do Código Penal brasileiro e no artigo 5º, inciso XXXIX da Constituição Federal. Trata-se de um princípio fundamental dentro do Direito Penal, pois privilegia a segurança jurídica, na medida em que não pode haver sanção penal se não houver expressa previsão legal.

O princípio está também presente na Declaração Universal dos Direitos do Homem (artigo XI, 2) que estabelece que ninguém poderá ser culpado por qualquer ação ou omissão que, no momento, não constituíam delito perante o direito nacional ou internacional. Também não será imposta pena mais forte do que aquela que, no momento da prática, era aplicável ao ato delituoso. Também está previsto na Convenção Americana de Direitos Humanos no seu artigo 9º. Esta preceitua que ninguém pode ser condenado por ações ou omissões que, no momento em que forem cometidas, não sejam delituosas de acordo com o direito aplicável. Tampouco se pode impor pena mais grave que a aplicável no momento da prática do delito. Se, depois da perpetração do delito, a lei dispuser a imposição de pena mais leve, o condenado será beneficiado com a pena mais branda.

As finalidades do princípio da legalidade é assegurar tanto a igualdade, na medida em que se preconiza o tratamento igualitário aos cidadãos, quanto a segurança jurídica, esta consubstanciada no fato de que a lei elaborada pelo Poder Legislativo é que está em condições de estabelecer as condutas consideradas criminosas. Além disso, serve também de limite ao poder de coerção estatal.

O princípio da reserva legal é derivado do princípio da legalidade e sua importância é fundamental, sobretudo no Direito Penal, porque esse ramo afeta sobremaneira a vida do cidadão que por ele é atingido, avançando sobre a liberdade individual – nesse caso o princípio da legalidade assume peculiar rigidez com o fito de preservar as garantias individuais (TAIAR, 2008, p.93).

Um fato só pode ser punido se a punibilidade estiver legalmente determinada. Antes de o fato ser cometido, o princípio da legalidade garante a proteção do cidadão ante o exercício arbitrário e a extensão do poder punitivo estatal. Ele estabelece que somente uma lei escrita pode fundamentar a punibilidade de uma ação e cominar uma pena como consequência jurídica (*nullum crimen nulla poena sine lege scripta*). Os pressupostos de punibilidade em espécie e as consequências penais devem existir já determinados na lei antes do cometimento do fato (WESSELS, 1976, p.11).

A Constituição Federal, no artigo 5º, LIV agasalhou expressamente o princípio em tela, ao estabelecer que ninguém será privado da liberdade ou de seus bens sem o devido processo legal. Como o Direito Penal, dependendo da infração perpetrada, pode restringir a liberdade do indivíduo, esse princípio ganha uma maior importância, pois é necessário que o acusado no processo penal tenha possibilidades de se defender através de um processo que lhe seja assegurado o contraditório e a ampla defesa. Essa faceta do princípio da legalidade, observado de maneira plena, também contribui para a manutenção da dignidade do acusado.

Se tem entendido que o princípio da legalidade é uma consequência do princípio da culpabilidade. Nesse sentido, se entende que a culpabilidade pressupõe o conhecimento da norma legal infringida ou ao menos sua possibilidade, o que requer a prévia incriminação legal do fato. Tal entendimento tem sido rejeitado por duas razões: primeiramente, porque o conhecimento das normas não depende do direito escrito, e também o direito não legislado pode ser conhecido; por outro lado, se sustenta que o princípio da culpabilidade não requer a possibilidade de conhecimento das consequências jurídicas. Nesse passo, permanece fora da garantia o requisito da prévia determinação legal da pena, considerado essencial para o princípio da legalidade. Essas exigências resultam necessárias para o estabelecimento de um Direito Penal de culpabilidade que, ao menos, condicione a responsabilidade penal ao possível conhecimento das proibições, mandatos legais e de suas consequências (BACIGALUPO, 1999, p.46-49).

O princípio da legalidade, portanto, exerce um papel essencial, pois ao preconizar que ninguém poderá ser acusado da prática de um crime sem que exista uma lei anterior que o defina e estabeleça a respectiva pena, o Estado não poderá restringir a esfera de liberdade individual dos cidadãos, sob pena de afronta ao princípio da dignidade da pessoa humana e de cercear sua liberdade com base em fato não previsto em lei.

2.4. PRINCÍPIOS DA INTERVENÇÃO MÍNIMA, SUBSIDIARIEDADE, FRAGMENTARIEDADE, OFENSIVIDADE E HUMANIDADE DAS PENAS

O princípio da intervenção mínima estabelece que o Direito Penal só deve se preocupar com os bens mais importantes para a sociedade, e só deve ser chamado a atuar quando os outros ramos jurídicos não forem aptos à proteção dos bens jurídicos mais importantes, ou seja, o Direito Penal deve ser a última via, quando os demais ramos não forem suficientes na busca de uma solução adequada ao caso concreto. Preferencialmente, só deverá atuar na medida em que for capaz de ter eficácia, justamente pelo fato de o Direito Penal adentrar na liberdade do indivíduo e em inúmeras vezes, conforme já salientado, ser violador da dignidade da pessoa humana.

O Direito Penal, visto como *ultima ratio*, parte do entendimento de que a pena e a medida de segurança não são os únicos meios de que dispõe o ordenamento jurídico para proteção da sociedade. Os interesses sociais que se estimam necessários proteger podem receber tutela suficiente, pondo em funcionamento os mecanismos distintos do que os meios próprios do Direito Penal, mecanismos estes muito menos lesivos para o cidadão e com frequência muito mais eficazes para a proteção da sociedade (MIR PUIG, 2003, p.109).

Do princípio da intervenção mínima, podem ser extraídos os princípios da subsidiariedade e da fragmentariedade. Conforme preceitua o princípio da subsidiariedade, o Direito Penal só deve ser utilizado como *ultima ratio*, pois o Direito Penal é violento, vulnerador e estigmatizante, só devendo ser chamado a atuar – e só possuindo legitimidade para atuar – quando os demais ramos jurídicos não apresentarem alternativas de solução para o caso concreto. O princípio da fragmentariedade consubstancia-se no fato de que o Direito Penal só deve proteger os bens jurídicos mais importantes para a sociedade.

Nos dias atuais, refletir sobre a legitimação e deslegitimação do Direito Penal para atuar em certos casos faz-se imperiosa, uma vez que a "inflação legislativa", especialmente em matéria penal, e a sede punitivista reinantes em nosso país, incutem na sociedade sensação de que o Direito Penal existe para resolver todas as mazelas do mundo. Tornar o Direito Penal mais próximo da realidade e principalmente menos simbólico seria reduzir a ideia que hoje impera na sociedade de um Direito Penal Máximo, para então privilegiar o princípio da intervenção mínima, que além de ser corolário do Estado Democrático de Direito, possui íntima relação com o princípio da proibição do excesso no Direito Penal.

O princípio da lesividade também chamado de princípio da ofensividade e o princípio da intervenção mínima se relacionam mutuamente, pois enquanto o primeiro limita o poder do legislador no tocante a quais condutas deverão ser incriminadas pelo Direito Penal, o segundo preconiza que o Direito Penal só deve ser utilizado se os demais ramos do Direito falharem na busca de solução adequada para o caso concreto.

O primeiro critério de intervenção mínima na teoria da lei penal advém do princípio da necessidade (*nulla lex poenalis sine necessitate*), legitimando proibições somente quando absolutamente necessárias. Os direitos fundamentais corresponderiam, nesse caso, aos limites do Direito Penal. Aliado ao pressuposto da necessidade, à pauta minimalista é agregado o princípio da lesividade, indicando a funcionalidade do Direito Penal como instrumento de proteção dos direitos fundamentais, ou seja, os direitos são percebidos como objeto do Direito Penal (CARVALHO, 2008, p.89).

O princípio da lesividade tem quatro funções principais. A primeira delas é a proibição da incriminação de uma atitude interna, ou seja, as ideias e convicções, desejos, aspirações e sentimentos dos homens não podem constituir fundamento para um tipo penal. Sua segunda função é proibir a incriminação de uma conduta que não exceda o âmbito do próprio autor. É vedada também a punibilidade da autolesão, a conduta externa que embora viole o bem jurídico do indivíduo, não ultrapasse o âmbito do próprio autor, como por exemplo o suicídio. A terceira função é a proibição da punição de simples estados ou condições existenciais. O que é vedado por essa terceira função é a imposição da pena a um simples estado ou condição do homem, refutando-se o chamado Direito Penal do autor. A quarta e última função proíbe a incriminação de condutas desviadas que não afetem qualquer bem jurídico (BATISTA, 2002, p.92-94).

Ainda que o indivíduo tenha cometido uma infração penal, a sua dignidade deve ser respeitada, evitando que seja objeto de situações ultrajantes por parte de quem quer que seja, inclusive pelo Estado. O respeito à dignidade da pessoa humana não deve ser excepcionado, pois o sujeito ativo do crime é também um ser humano e traz dentro de si todas as vulnerabilidades inerentes a essa condição.

Do exposto, o indivíduo que for submetido a uma sanção penal que atinja sua liberdade sem atendimento aos princípios anteriormente expostos, terá a sua dignidade atingida e violada, pois mesmo sendo sujeito ativo de um delito, ainda assim deve ter sua dignidade respeitada, já que a dignidade é inerente a todos os indivíduos. Não é pelo fato de ter cometido um crime, seja qual for, independentemente de sua gravidade, que terá perdido a sua dignidade – esta se manterá intacta e deve ser preservada.

O princípio da humanidade das penas impede a execução de penas cruéis e degradantes ao sujeito condenado pela prática de um delito. A Constituição pátria, em seu inciso III do artigo 5º o alberga quando estabelece que ninguém será submetido à tortura nem a tratamento desumano ou degradante e, no inciso XLVII do referido artigo, ao estabelecer que não haverá penas de morte, salvo no caso de guerra declarada (artigo 84, XIX), de caráter perpétuo, de trabalhos forçados, de banimento ou cruéis. A individualização da pena que deve ser proporcional ao ato delituoso praticado é também uma face do princípio em análise.

A pena que se exaure na simples retributividade, e, portanto, converte seu modo em estritamente retributiva e negativa, além de ineficaz do ponto de vista da prevenção geral, viola a racionalidade da pena. A pena de morte, por exemplo, é inaceitável porque desconsidera a autorregulação como atributo da pessoa humana. Do mesmo modo, penas que pretendam interferir fisicamente numa metamorfose do réu como a castração ou esterilização, a lobotomia, entre outras. Um sistema igualitário na distribuição da pena, significando que sob os mesmos pressupostos, dois sujeitos deveriam receber penas semelhantes, levando em conta somente as diferenças em relação à individualização, é imperativo da racionalidade (BATISTA, 2002, p.100-101).

O princípio da humanidade, portanto, é mais um dos princípios penais que promovem a dignidade da pessoa humana, visando impedir que o homem seja utilizado como objeto de tratamento desumano e cruel.

CAPÍTULO III
DA COCULPABILIDADE

1. PODER PUNITIVO X LEGITIMIDADE DO DIREITO PENAL

O Direito Penal, assim como os demais ramos jurídicos, deve delimitar seu campo de atuação, ou seja, no caso especificamente do Direito Penal, este deve se limitar aos fatos efetivamente importantes para que possa ter incidência, na medida em que é o Direito Penal o ramo jurídico mais violento, seletivo, estigmatizante, e, não raro, vulnerador do princípio da dignidade humana e consequentemente dos direitos humanos fundamentais.

O Direito Penal deveria ser encarado, conforme ressaltado, como última instância, contudo, em face da sede punitivista reinante em nosso país, o Direito Penal acaba sendo a *prima ratio*, como se pudesse resolver a problemática da criminalidade sem a existência, por exemplo, de políticas públicas efetivas no sentido de redução das desigualdades existentes no plano social, o que consequentemente reverbera no sistema penal, **já que** este também reproduz as desigualdades sociais existentes, selecionando sujeitos das classes consideradas "subalternas", os quais são "capturados" de forma mais intensa por esse sistema penal discriminatório e rotulante.

O sistema penal é uma complexa manifestação do poder social, e por legitimidade do sistema penal entendemos a característica conferida por sua racionalidade. O poder social não é algo estático, mas dinâmico, e o sistema penal quis mostrar-se como um exercício de poder planejado racionalmente. A construção teórica ou discursiva que pretende explicar esse planejamento é o discurso jurídico-penal que também pode ser chamado de saber penal ou mais formalmente ciência penal. O discurso penal seria racional se fosse coerente e verdadeiro. A quebra da racionalidade do discurso jurídico-penal arrasta consigo como sombra inseparável a pretendida legitimidade do exercício de poder dos órgãos dos nossos sistemas penais. **É indubitável** que a racionalidade do discurso jurídico-penal tradicional e a legitimidade do sistema penal tornaram-se utópicas e atemporais, ou seja, não se realizarão em lugar e em tempo algum (ZAFFARONI, 2010, p.16-19).

Compreender o processo de deslegitimação é entender que o sistema penal está nu e que ele agora exerce sem disfarces, sua função real. O sistema penal é incapaz de exercer as funções que possam legitimar sua existência, como, por exemplo, a proteção de bens jurídicos e o combate e prevenção da criminalidade através das funções da pena, que seriam a intimidação a potenciais criminosos, castigando e ressocializando os condenados. O sistema penal não pode exercer sua função real porque na verdade sua função real **é a** construção de forma seletiva da criminalidade e, por conseguinte, a função real da prisão é "fabricar" criminosos (ANDRADE, 2006, p.170-171).

Debater sobre os limites da intervenção penal é também discutir os limites da dignidade da pessoa humana – seu conteúdo, conceito, a possibilidade de ser examinada e limitada por outros princípios. Aderimos ao entendimento de Sebástian Mello no sentido de que poderíamos adotar aqui uma ótica abolicionista, tendente a considerar qualquer intervenção penal aviltante, violadora da dignidade da pessoa humana e defender o fim da intervenção punitiva – contudo, existem comportamentos considerados inaceitáveis pelos membros de uma determinada comunidade e tais condutas devem ser punidas. Extinguir por completo a sanção penal, portanto, não é uma medida socialmente viável, devendo ser buscados os meios para humanizar a pena e restringir ao máximo o fundamento de sua imposição ao indivíduo (MELLO, 2019, p.23).

Definir os fins e os limites do direito de punir pressupõe conhecer os fins e limites do próprio Estado. E isso o faz a Constituição Federal, explícita ou implicitamente, como ressalta Queiroz, fixando as bases e limites do Direito Penal – os limites deste, portanto, são os limites do Estado. Isso ocorre porque o Direito Penal é um dos instrumentos de política criminal de que se vale o Estado para promover os fins que lhe são constitucionalmente designados (QUEIROZ, 2008b, p.113-114).

Vale ressaltar que qualquer teoria do Direito Penal também deve estabelecer de alguma forma a vinculação do delito com sua consequência (a pena). Com esse binômio delito-pena a teoria indica a dosimetria da consequência (pena) e é a base do que se chama de individualização judicial da pena. Esse elemento vinculante, que é um espaço a preencher ou uma interrogação a responder que foi ocupado por alguns com a periculosidade e outros com heterogêneos e incompatíveis conceitos de culpabilidade, chama-se, conforme destaca Zaffaroni, de conexão punitiva. Nenhuma teoria do Direito Penal pode prescindir dessa conexão, não pode sequer cogitar que o conteúdo do antijurídico indique diretamente a quantidade de pena, porque pressuporia a falta de humanidade, ou seja, a igualdade e imutabilidade de todos os seres humanos. Por esse motivo todos se valem de uma conexão punitiva (ZAFFARONI, 2004, p.33).

Com ênfase justamente no fato de que os seres humanos são diferentes entre si e estão submetidos a condições sociais distintas é que a conexão punitiva não pode apontar diretamente a quantidade da pena. A conexão punitiva tem uma importância fundamental no tocante à culpabilidade, uma vez que o *quantum* da pena dependerá da culpabilidade do agente no caso concreto, ou seja, é necessário graduar a culpabilidade do agente para uma justa individualização da pena. E nada obsta (muito pelo contrário) que nessa graduação da culpabilidade do sujeito seja levada em consideração a vulnerabilidade social e como esta pode ter influenciado na prática do delito.

2. SELEÇÃO PENALIZANTE: CRIMINALIZAÇÃO PRIMÁRIA E SECUNDÁRIA

As sociedades contemporâneas que institucionalizam ou formalizam o poder punitivo estatal selecionam um grupo de pessoas às quais submete sua coação com o objetivo de imposição de uma pena. Ou seja, conduz o poder punitivo em direção às classes menos favorecidas socialmente, aquelas que se encaixam no "perfil" traçado pelas agências oficiais de poder, em geral indivíduos da classe mais vulnerável socialmente, negros, jovens e com baixa escolaridade.

A seleção penalizante chamada de "criminalização" é executada como resultado da gestão de um conjunto de agências que conformam o chamado sistema penal. A referência aos entes gestores da criminalização como agências objetiva evitar outros substantivos mais valorativos e equívocos, como por exemplo, corporações, burocracias, instituições, entre outros. Agência é empregada aqui no sentido amplo e neutro de agentes ativos, aqueles que atuam. O processo seletivo de criminalização se desenvolve em duas etapas, denominadas respectivamente de primária e secundária. A criminalização primária é o ato e o efeito de sancionar uma lei penal material que incrimina ou permite a punição de certas pessoas. Trata-se de um ato formal, fundamentalmente programático, pois quando se estabelece que uma ação deve ser apenada, se enuncia um programa que deve ser cumprido por agências diferentes das que a formulam. A criminalização secundária é a ação punitiva exercida sobre as pessoas concretas, que ocorre quando as agências policiais detectam uma pessoa, a qual se atribui a realização de certo ato criminalizado primariamente, a investiga e em alguns casos a priva de sua liberdade, submetendo tal indivíduo a um órgão judicial (agência judicial). Este então passa por um processo para estabelecer se realmente praticou a ação delituosa; em caso afirmativo, é admitida então a imposição de uma pena que quando é privativa de liberdade, é executada por uma agência penitenciária (prisionização) (ZAFFARONI, ALAGIA, SLOKAR, 2002, p.7).

As normas de Direito Penal são aplicadas seletivamente, refletindo as relações de desigualdade existentes e não só estas – o Direito Penal também exerce uma função ativa, de produção e reprodução relativamente às relações de desigualdade. A aplicação seletiva das sanções penais estigmatizantes e, principalmente, o cárcere, é um momento superestrutural primordial para a manutenção da escala vertical da sociedade, incidindo negativamente no *status* social dos indivíduos pertencentes aos estratos sociais mais baixos, agindo de forma a impedir sua ascensão social. E essa é uma das funções simbólicas da pena, a punição de certos comportamentos ilegais serve para cobrir um número mais amplo de comportamentos ilegais, que permanecem imunes ao processo de criminalização. Desse modo, a aplicação seletiva do Direito Penal tem paralelamente como resultado a cobertura ideológica dessa mesma seletividade (BARATTA, 2011, p.166).

Conforme asseverado, o Direito Penal como produtor e reprodutor das desigualdades sociais mostra sua face seletiva também no processo de criminalização, no tocante à criminalização secundária, destinando sua ação e atuação conforme a escala social ocupada pelo autor do crime, frequentemente selecionando o vulnerável social, estereotipado por rótulos e preconceitos. Mas também na criminalização primária visualizamos a seletividade com a criminalização de condutas destinadas a atingir as classes consideradas "subalternas" também sob o ponto de vista social.

3. PRINCÍPIO DA CULPABILIDADE

A culpabilidade é o juízo de censura, juízo de reprovação que recai sobre a conduta típica e ilícita do agente, podendo ser entendida com base em três sentidos ou acepções fundamentais, a saber: culpabilidade como elemento do conceito analítico de crime, culpabilidade como critério determinador da pena e culpabilidade como fato impeditivo da responsabilidade penal objetiva. Como elemento do conceito analítico de crime, concluindo que o agente praticou um injusto penal, procede-se à análise acerca da reprovabilidade ou não da conduta deste. Uma conduta reprovável é aquela em que o indivíduo podendo agir conforme o direito, não agiu. O agente não atuará culposamente quando lhes faltar a imputabilidade, a potencial consciência da ilicitude ou a exigibilidade de conduta diversa.

Em seu desenvolvimento histórico, o princípio da culpabilidade passou por várias transformações. Primeiramente, o conceito psicológico de culpabilidade enxergou a culpabilidade como a relação subjetiva que une o autor ao fato, isto é, dolo e imprudência, posteriormente em decorrência das deficiências do supramencionado conceito de culpabilidade surgiu então a teoria psicológica-normativa e, posteriormente, a teoria normativa pura. Contudo, o princípio da culpabilidade, conforme destaca Hirsch, não se relaciona unicamente a esses requisitos específicos do terceiro nível do delito. É imperioso alertar que a culpabilidade está sempre relacionada a um fato, e, portanto, pressupõe necessariamente, no Direito Penal, um ilícito típico. Entre outras acepções o princípio da culpabilidade trata do reconhecimento das circunstâncias individuais que são significativas para a determinação da pena concreta (HIRSCH, 1999, p.150-151).

A influência da concepção psicológica da culpabilidade que a reduzia à exigência de dolo e culpa, como relações psicológicas entre autor e o seu ato, contribuiu para desconhecer a vigência desse princípio consagrado como um princípio limitador do poder punitivo (VITALE, 1998, p.102).

A culpabilidade pode ser entendida ainda como critério na aplicação da pena. Concluindo que o fato é típico, ilícito e culpável, pode-se afirmar que houve infração penal. Nesse momento, então, deve o juiz observar as regras do critério trifásico de aplicação da pena. Conforme o artigo 59 do Código Penal, o juiz, atendendo à culpabilidade, aos antecedentes, à conduta social, à personalidade do agente, aos motivos, às circunstâncias e consequências do crime, bem como ao comportamento da vítima, estabelecerá, conforme seja necessário e suficiente para reprovação e prevenção do crime a pena adequada ao caso concreto posto para a sua apreciação, a quantidade de pena aplicável dentro dos limites legais, o regime inicial de cumprimento da pena e a substituição da pena privativa de liberdade aplicada por outra espécie de pena, se cabível. O juízo de censura realizado sobre a conduta do agente não deve exceder ao limite necessário à reprovação pela infração penal perpetrada.

A culpabilidade pode também ser entendida como princípio impeditivo da responsabilidade penal objetiva. No âmbito penal, para que o resultado de determinada conduta seja atribuído ao agente, este deve ter praticado uma conduta dolosa ou culposa; não havendo nem dolo nem culpa, não houve conduta e, inexistindo conduta, não houve fato típico e, consequentemente, na ausência deste, não houve crime. Conforme o princípio da culpabilidade a responsabilidade penal deve ser sempre subjetiva. O Código Penal pátrio afasta a responsabilidade objetiva ao estabelecer no seu artigo 19 que pelo resultado que agrava especialmente a pena só responde o agente que o houver causado ao menos culposamente.

O princípio da culpabilidade, entendido como "não há pena se a conduta não for reprovável ao autor", deve necessariamente centrar-se na aceitação de que o homem é um ente capaz de autodeterminar-se. A culpabilidade somente pode ser compreendida sobre a base antropológica da autodeterminação como capacidade do homem. A culpabilidade é um conceito normativo, um juízo de reprovação que se formula ao autor. Na própria etimologia do conceito há, nitidamente, uma ideia de normatividade, que não pode ser eliminada, salvo que se queira eliminar a própria culpabilidade, o que redundaria em um Direito Penal de periculosidade, que não corresponde ao preceituado legalmente (ZAFFARONI; PIERANGELI, 2009, p.522).

Analisando a partir de uma perspectiva penal, culpável seria aquele que viola uma determinada norma emanada dos órgãos estatais competentes para ditá-la. Mas esse conceito que nos pode servir de ponto de partida, resulta, por um lado, demasiadamente amplo e, por outro, exclui outras funções que a culpabilidade desempenha na estrutura do delito. Assim, por exemplo, a culpabilidade não somente pressupõe o contraponto da responsabilidade objetiva, exigindo uma relação subjetiva entre o sujeito e o fato cometido, mas também se revela como limite e medida da pena em relação à sua determinação em geral e nos casos concretos (DÍAZ PITA, 2002, p.74).

A ideia de culpabilidade tem conduzido a uma diversidade de significados desta palavra. Na doutrina jurídico-penal atual é utilizada em um sentido amplo e em um sentido restrito. Em sentido amplo, a culpabilidade chega a identificar-se com a total gravidade do delito imputável ao seu autor. Esse sentido é empregado quando se refere à culpabilidade como barema da determinação da pena segundo a gravidade do fato. A expressão "princípio da culpabilidade" que objetiva fixar um limite geral ao Direito Penal é utilizada em sentido amplo (MIR PUIG, 1994, p.172).

A origem do princípio da culpabilidade, entendido em sua acepção tradicional, como responsabilidade subjetiva, deriva do conceito psicológico de culpabilidade. Tal teoria teve como principal contribuição o entendimento de que a responsabilidade pela prática de um ato delituoso deve ser subjetiva. O princípio da culpabilidade como sinônimo de responsabilidade penal subjetiva se consubstancia no fato de que nenhuma pena deverá passar da pessoa do réu, somente o autor é quem deverá responder pelo ato praticado, o que inviabiliza no Direito Penal a existência da responsabilidade objetiva.

A separação entre o fato e seu autor, em suas origens, obedecia à divisão categorial de compreender o fato: o acontecimento perturbador valorado negativamente, por um lado, e o sujeito responsável por este acontecimento, por outro. Concepção esta compreendida no momento de predomínio naturalista tendente a encontrar dados empíricos explicáveis das ciências naturais a todos os conceitos jurídicos e a todos os âmbitos do saber (HUAPAYA, 2008, p.1).

Depreende-se que a culpabilidade considerada como um princípio é não só uma premissa da punibilidade, uma condição indispensável para que o agente possa ser punido, como também critério para determinar a pena no caso concreto.

A culpabilidade representa o desenvolvimento histórico de um conjunto de postulados filosóficos relativos à imputação pessoal que, encontrando no penalismo ilustrado o ambiente necessário para seu desenvolvimento, se constrói como conceito e como princípio, como fundamento e limite da intervenção punitiva. Surge, então, a culpabilidade como princípio, com a missão de individualizar e subjetivar os critérios de imputação até então vigentes (MELLO, 2019, p.89).

A culpabilidade como fundamento da pena legitima o poder estatal contra o indivíduo. A culpabilidade como limitação da pena garante a liberdade do cidadão contra o poder do Estado, porque se não existe culpabilidade não pode existir pena, nem pode existir qualquer intervenção estatal com fins exclusivamente preventivos. Sucintamente, a noção de culpabilidade como limitação do poder punitivo contribui para a redefinição da dogmática penal como sistema de garantias do indivíduo em face do poder repressivo estatal, capaz de excluir ou reduzir a intervenção estatal na esfera de liberdade do cidadão (SANTOS, 2008, p.288).

O princípio da culpabilidade é uma das garantias constitucionais que limitam o *jus puniendi* estatal. Em decorrência desse fato, o *el versare in re illicita*, ou seja, a fundamentação ou agravação da pena pelo mero resultado, resulta incompatível com o princípio da culpabilidade, bem como também com o Direito Penal moderno. Em outras palavras, a responsabilidade objetiva não se coaduna nem com o Direito Penal moderno tampouco com o princípio da culpabilidade que tem por essência uma feição garantista e que se propõe a evitar a instrumentalização do sujeito no tocante à aplicação da pena, já que o citado princípio não é somente o limite como também fundamento da pena.

O princípio da culpabilidade encontra-se implicitamente agasalhado em nível constitucional no artigo 1º, III (dignidade da pessoa humana) corroborado pelos artigos 4º, II (prevalência dos direitos humanos), artigo 5º, *caput* (inviolabilidade do direito de liberdade) e artigo 5º, inciso XLVI (individualização da pena) da Constituição da República Federativa do Brasil. Vincula-se ainda ao princípio da igualdade (artigo 5º, *caput* da Constituição Federal de 1988), que veda o mesmo tratamento ao culpável e ao inculpável (PRADO, 2011, p.167).

O artigo 5º, inciso XLV da Carta Magna consagra o princípio da culpabilidade emanado do valor da dignidade da pessoa, segundo o qual só é legítimo ao Direito Penal castigar, na medida da culpabilidade, comportamentos próprios, conhecidos e almejados. Em outras palavras, só é possível castigar o normal exercício da autonomia pessoal, o que exclui toda responsabilidade por fatos cometidos sem os pressupostos subjetivos que fundamentam a responsabilidade penal (BRUNONI, 2008, p.43-44).

O Direito Penal, sob essa perspectiva, deve ser compreendido a partir de concepções éticas que privilegiem a pessoa e o seu valor, utilizando critérios mais valorizadores dos motivos, das emoções e dos contextos sociais e culturais (PALMA, 2005, p.154).

O referido princípio considera o homem como ser valioso, detentor de direitos, os quais não podem ser violados somente para garantir determinadas políticas e interesses estatais, nem servir como mecanismo arbitrário de discriminação. Exige-se para a responsabilidade penal mais que um nexo causal; é imprescindível que o homem seja capaz de orientar seu livre-arbítrio e que responda pessoalmente por suas boas ou más decisões. Nesse passo, culpabilidade e dignidade humana caminham juntas no plano jurídico-penal – a medida da dignidade na seara penal, por sua vez, relaciona-se com a concepção e a dimensão da culpabilidade. Além disso, por considerar o homem como um fim em si mesmo, a culpabilidade consagra-se como princípio que recai sobre o juízo e o conceito de pessoa, e que realiza a dignidade humana na esfera jurídico-penal (MELLO, 2019, p.99).

O princípio da culpabilidade busca enxergar o sujeito como uma pessoa humana que é. Busca, portanto, valorizar o conceito de pessoa e, consequentemente, isso inclui também enxergar o ser humano com todas as suas vulnerabilidades. Se a pena imposta a um sujeito concreto não estiver limitada pelo citado princípio, a pessoa a qual esta será imposta será coisificada, tratada como se objeto fosse. O princípio em análise tem como fundamento o princípio da dignidade da pessoa humana. Nesse sentido, uma pena digna e justa é aquela que respeita o princípio da culpabilidade como fundamento, medida e limite da pena.

Quando ocorre a prática de uma infração penal, o Estado, mediante o *jus puniendi*, intervém na liberdade dos cidadãos, contudo, para que essa infração penal se expresse por meio da pena é necessário que haja a culpabilidade do agente, a reprovabilidade de sua conduta em relação a essa ação típica e antijurídica. O princípio da culpabilidade configura o limite pelo qual o *jus puniendi* estatal deve pautar-se, com o objetivo de não apenas legitimar tal intervenção como também a aplicação da pena.

No tocante à individualização da pena, o princípio da culpabilidade determina que os limites da legitimidade da pena sejam aplicáveis ao autor concreto. Isso tem relação com a questão da proporcionalidade entre a gravidade da pena e a gravidade da censura. Dentro do marco penal legalmente determinado, os tribunais devem fixar a pena em um ponto que resulte adequado à gravidade da culpabilidade ou ao grau de reprovabilidade da conduta do agente. O princípio da culpabilidade não se dirige somente ao legislador, lhes impondo que renuncie a determinadas soluções legislativas que o contradizem, como por exemplo, a *versari in re illicita*, mas também ao juiz, que deve estabelecer a individualização para adaptar o marco penal à sanção aplicável ao delito cometido (BACIGALUPO, 1999, p.159-160).

O fundamento do princípio da culpabilidade e responsabilidade é constituído pela capacidade do homem de se decidir livre e corretamente entre o Direito e o injusto. Somente quando existe esta liberdade de decisão é que terá sentido se impor uma censura de culpabilidade contra o agente. E como certificam as conclusões das pesquisas no campo da personalidade, a possibilidade de direção da conduta baseia-se na capacidade do homem de controlar seus impulsos e de dirigir sua decisão segundo as normas ético-socialmente obrigatórias e suas representações de valor (WESSELS, 1976, p.83).

Do exposto, sem que haja culpabilidade, sem que haja a reprovabilidade do ato praticado pelo agente, não é possível a imposição da pena. Uma pena adequada à culpabilidade do agente, que não exceda a medida da culpabilidade, é uma pena que respeita a dignidade da pessoa humana, já que o princípio da culpabilidade conforme ressaltado tem também como fundamento primordial a dignidade da pessoa humana, cujo respeito impede a instrumentalização do homem.

O princípio da culpabilidade pode fundamentar-se a partir de caminhos distintos. O enfoque tradicional tem se baseado na ideia de liberdade de vontade e tem considerado como pressuposto fundamental da responsabilidade o poder atuar de outro modo. Segundo esse entendimento, as causas que excluem a culpabilidade deveriam encontrar como fundamento a ausência no autor da dita possibilidade de atuar de outra forma (MIR PUIG, 1982, p.94-95).

Outro ponto relevante a ser salientado em relação ao princípio da culpabilidade é que o citado princípio proíbe punir pessoas imputáveis que realizam o tipo de injusto com o conhecimento da proibição do fato, mas sem o poder de não fazer o que fazem, porque a realização do tipo de injusto em situações anormais exclui ou reduz a exigibilidade de comportamento diverso (SANTOS, 2008, p.25).

Insta sublinhar mais uma vez que a partir do entendimento da culpabilidade como princípio, há a configuração de um Direito Penal mais humano, uma vez que sua inobservância implica no desconhecimento do próprio conceito de pessoa, de sua própria essência como ser humano. Além disso, o indivíduo só pode ser considerado culpado em relação aos atos que podia e devia evitar, vedando, assim, qualquer forma de responsabilidade objetiva. O princípio da culpabilidade como medida da pena também significa que a pena deve ser proporcional à lesividade do crime praticado.

4. COCULPABILIDADE

4.1. ORIGEM HISTÓRICA, CONCEITO E ASPECTOS RELEVANTES

Em decorrência da escassez de publicações e estudos versando sobre a coculpabilidade, as suas origens são também difíceis de serem contornadas com precisão, assim como também algumas vezes encontramos noções equivocadas acerca de seu verdadeiro objetivo, de sua definição, de quando poderá ser aplicada ao caso concreto e diversos outros aspectos importantes acerca do tema. O propósito aqui neste capítulo é elucidar tais questões, para que a coculpabilidade possa ser melhor compreendida, e, para que, quando for o caso, possa ser aplicada de forma correta.

Alguns autores afirmam que o conceito de coculpabilidade teve sua origem no Direito Penal socialista e também nas ideias do médico Jean Paul Marat (1743-1793), o revolucionário francês, que não era jurista, mas que apresentou na Suíça, em um concurso, um "Plano de legislação criminal" no qual desenvolveu uma crítica socialista e revolucionária ao pensamento talional kantiano, não agradando aos jurados que deram o prêmio a outro candidato. Marat sustenta que a pena mais justa é a talional, mas enfatiza que isso só seria possível se a sociedade fosse justa, e admite a tese contratualista, afirmando que os homens se reuniram em sociedade para garantirem seus direitos, mas que a igualdade social original foi rompida por meio da violência que exerceram uns sobre os outros, subjugando-os e despojando-os da parte que lhes correspondia. Ao longo do tempo, a ausência de contenção ao aumento das fortunas, fez com que uns enriquecessem em detrimento dos outros, fazendo com que, consequentemente, a riqueza se acumulasse nas mãos de uma minoria, enquanto que uma enorme massa foi submetida a uma situação de extrema pobreza, sem ter acesso a uma parte dessa riqueza. A partir desse ponto, sustentava então que os indivíduos que não obtinham da sociedade mais do que desvantagens, não estariam obrigados a respeitar as leis (ZAFFARONI; PIERANGELI, 2009, p. 234).

A partir das ideias de Marat, que enfocava que a sociedade era desigual e, consequentemente, nem todos tinham acesso a iguais oportunidades, é que alguns autores conseguem visualizar as origens da coculpabilidade, ou seja, os sujeitos sem acesso aos meios para ascender socialmente teriam um menor poder de autodeterminação, limitados que estavam em decorrência da exclusão social. Tais indivíduos não tinham, portanto, como agir segundo a norma, e, por conseguinte, a norma não era capaz de motivá-los em decorrência da situação de vulnerabilidade social na qual que se encontravam.

Há também autores que apontam a origem da coculpabilidade nas sentenças do então conhecido "bom juiz" Magnaud no século XIX, o qual se destacou por suas sentenças de cunho humanístico e por sua preocupação com os hipossuficientes (ZAFFARONI, ALAGIA, SLOKAR, 2002, p. 656-657).

Nas suas origens, a coculpabilidade não estava expressamente albergada nos dispositivos penais, contudo, o artigo 5º, inciso I do Código Penal da República Democrática da Alemanha oportuniza essa orientação ao estabelecer que uma ação é cometida de forma reprovável quando seu autor, apesar das possibilidades de uma conduta socialmente adaptada que lhe tenham sido oferecidas, realiza, por atos irresponsáveis, os elementos constitutivos de um delito (BATISTA, 2002, p.105).

O citado dispositivo legal do Código Penal da República Democrática da Alemanha faz referência à "coculpabilidade às avessas", que é reprovar com mais intensidade aqueles que, apesar de serem incluídos socialmente, de terem tido acesso às oportunidades e meios de ascensão social, praticaram crimes. Esse, contudo, não é o genuíno objetivo da coculpabilidade, como será visto posteriormente.

Pierangeli entende que a concepção da coculpabilidade se harmoniza com o pensamento de Marat e hoje faz parte de todo Estado Social de Direito, que reconhece direitos econômicos e sociais e, consequentemente, encontra cabimento no nosso Código Penal com o disposto no artigo 66 (PIERANGELI, 1999, p.47).

Quanto ao Direito Penal socialista, este busca não somente a igualdade formal como também a igualdade material, propondo uma análise do Direito como produto das condições econômicas de um país. Nesse sentido, a coculpabilidade teria surgido no Direito socialista, pois nada mais é do que o reconhecimento da igualdade material, mediante a corresponsabilização indireta do Estado iluminista em não criar oportunidades iguais de inclusão social aos seus cidadãos. Contudo, a origem histórica da coculpabilidade se confunde com o surgimento do Estado Liberal fundado nas ideias iluministas, pois, na verdade, a corresponsabilidade estatal no cometimento de determinados delitos surgiu com o advento do Estado Liberal e o seu contratualismo como forma de quebra do contrato social. A coculpabilidade, portanto, é o reconhecimento jurídico e político da quebra do contrato social por parte do Estado, devendo assumir sua inadimplência mediante o reconhecimento da coculpabilidade (MOURA, 2006, p. 43-44).

Em sua obra *Do contrato social*, Rousseau faz uma observação que, conforme seu entendimento, deve servir de base para todo o sistema social, afirma que:

> [...] em vez de destruir a igualdade natural, pelo pacto fundamental substitui, ao contrário, uma igualdade moral e legítima, à qual a natureza pode atribuir a desigualdade física entre os homens, e que, podendo ser desigual em força ou gênio, torna todos iguais por convenção ou direito. (ROUSSEAU, 2012, p.52).

Salienta ainda o autor que sob maus governos essa igualdade não é senão aparente e falsa, e só serve para assegurar a permanência do pobre na miséria e manter o rico com o *status quo* cada vez mais privilegiado. Salienta ainda Rousseau que, de fato, todas as leis são sempre úteis aos que possuem e prejudiciais aos que nada têm (ROUSSEAU, 2012, p.52).

As palavras de Rousseau podem ser consideradas atemporais, uma vez que a desigualdade na distribuição da riqueza faz com que não somente a igualdade seja violada como também exacerbe ainda mais a situação daqueles que não têm acesso às oportunidades desfrutadas pelas classes privilegiadas.

É a partir do descumprimento dos deveres estatais, como por exemplo, no caso do Brasil, do descumprimento do preceituado na Carta Magna, quando o Estado deixa de cumprir e implementar metas para atingir os objetivos estabelecidos no artigo 3º da Constituição Federal de 1988, dentre os quais estão a construção de uma sociedade livre, justa e solidária e a erradicação da pobreza e da marginalização e principalmente redução das desigualdades sociais que o Estado também rompe com o contrato social. O Estado viola o pacto social quando não oferece o mínimo existencial proclamado, por seu turno, no artigo 6º, *caput* da Constituição Federal de 1988 como a educação, saúde, alimentação, trabalho, moradia, previdência social e assistência aos desamparados, entre outros direitos sociais assegurados constitucionalmente. Em outras palavras, o Estado rompe com o pacto social quando assume uma postura negligente, omissa e inadimplente no tocante ao efetivo cumprimento dos direitos sociais.

O parágrafo único do artigo 6º da Constituição Federal pátria preconiza que todo brasileiro em situação de vulnerabilidade social terá direito a uma renda básica familiar, garantida pelo poder público em programa permanente de transferência de renda, cujas normas e requisitos de acesso serão determinados em lei, observada a legislação fiscal e orçamentária. Tal parágrafo foi incluído pela Emenda Constitucional 114 de 2021.

Em que pese a existência de auxílios e programas assistenciais promovidos pelo Estado, tais paliativos não solucionam essa problemática. Ainda assim, para a maior parcela da população faltam condições mínimas e dignas de sobrevivência, como por exemplo, saúde, moradia e educação. Muitos vivem (ou melhor, sobrevivem) em condições insalubres e desumanas. Essa situação de vulnerabilidade social aumentou bastante desde o início de 2020 quando se agravou a pandemia da covid-19 e tornou ainda mais explícita, especialmente para aqueles que ainda estavam com os olhos cerrados diante dessa realidade, a desigualdade social existente no país.

Em um país como o Brasil, de grandes dimensões geográficas e permeado de desigualdades sociais, gigantesco também é o desemprego e a falta de oportunidades. Em um país já tão desigual e vivendo uma grave crise sanitária em decorrência da pandemia, a situação de vulnerabilidade social de milhares de pessoas, conforme já salientado, se agravou mais ainda. Ilustrando esse panorama, conforme dados do Instituto Brasileiro de Geografia e Estatística (IBGE), até o primeiro trimestre de 2022 o número de desempregados chegou a 11,9 milhões de pessoas (IBGE, 2022, p.01).

Em outras palavras, com ou sem pandemia, mesmo com programas assistenciais usados como paliativos, a vulnerabilidade social tende a se agravar caso o Estado continue infringindo os preceitos constitucionais, notadamente no tocante ao não cumprimento dos direitos sociais e ao não implemento de políticas públicas efetivas para ao menos atenuar a situação de vulnerabilidade social de milhões de brasileiros.

Por fim, apesar de posições discordantes que enxergam a origem da coculpabilidade no Direito Penal socialista, nas ideias de Marat ou nas sentenças do "bom juiz" Magnaud, corroboramos com o entendimento de que a coculpabilidade tem suas origens a partir do contratualismo e da ideia de que se o crime é a quebra do contrato ou pacto social, o Estado, em decorrência de sua postura omissa e negligente no tocante ao efetivo cumprimento do disposto no artigo 6°, *caput*, ou seja, ao efetivo cumprimento dos direitos sociais, igualmente promove o rompimento do contrato social.

A priori, antes de qualquer conceito acerca da coculpabilidade se faz necessário, ainda que de forma breve, entender o que seria vulnerabilidade social e quem são os vulneráveis sociais.

A expressão "vulnerabilidade social" tem sido muito utilizada atualmente em diversos campos do conhecimento, contudo, sua definição não é tão fácil assim – é utilizada de tantas formas e em contextos tão diversos que se torna tarefa difícil a delimitação de sua conceituação.

Definir vulnerabilidade social, portanto, conforme destaca Monteiro, é mais do que um exercício intelectual, tem como foco a compreensão dos desafios e tensões que se colocam para as políticas sociais, no tocante à sua efetivação na perspectiva proativa, preventiva e protetiva. O tema caracteriza-se por um complexo campo conceitual, constituído por distintos entendimentos e dimensões que podem ser dirigidas para o âmbito econômico, ambiental, de saúde, de direitos, entre outros. É um conceito ainda em desenvolvimento justamente em decorrência de sua complexidade e relevância. A vulnerabilidade social pressupõe um conjunto de características, de recursos materiais ou simbólicos e de habilidades inerentes a indivíduos ou grupos, que podem ser insuficientes ou inadequados para o aproveitamento das oportunidades disponíveis na sociedade. Essa relação irá determinar maior ou menor grau de deterioração de qualidade de vida dos sujeitos. A diminuição dos níveis de vulnerabilidade social pode ocorrer com o fortalecimento dos sujeitos para que possam acessar bens e serviços, ampliando assim seu universo material e simbólico, além de suas condições de mobilidade social (MONTEIRO, 2011, p.30-35).

Mister se faz salientar que quando nos referimos à chamada "vulnerabilidade social", estamos englobando como vulneráveis, sob o ponto de vista social, todos os sujeitos. Estamos nos referindo a **todas as pessoas em situação de vulnerabilidade social, independentemente de gênero, raça, cor, religião ou orientação sexual**. Portanto, não entraremos nas discussões referentes a tais questões, pois ultrapassaria o objetivo aqui posto de delimitar uma teoria geral da coculpabilidade. Também não analisamos e não nos referimos a nenhum crime em específico, apenas salientamos que é necessário que o crime praticado pelo sujeito tenha conexão com o seu estado de vulnerabilidade social. Dentro da vulnerabilidade social inserimos, também, além das condições econômicas desfavoráveis, a vulnerabilidade cultural (ou o baixo grau de instrução ou escolaridade), que pode ensejar a prática de alguns crimes, como será analisado posteriormente.

Cumpre ainda elucidar uma questão referente à expressão "coculpabilidade". O prefixo "co" da citada expressão significa "em conjunto", "em agregação", "em grupamento", expressando a ideia de que o Estado seria o **responsável indireto** pelo cometimento da infração penal por um determinado sujeito. Já o vocábulo "culpabilidade" não é utilizado em sentido dogmático (como juízo de reprovação face a um fato típico e antijurídico), mas como uma responsabilidade indireta do Estado, uma corresponsabilidade, resultante do não cumprimento dos direitos sociais ou em outras palavras, no não oferecimento do mínimo existencial.

Convém ainda ressaltar que não se trata, portanto, de uma responsabilização penal do Estado – este, por óbvio, não responderá por crime algum –, mas é sim o reconhecimento de sua negligência e omissão em relação ao efetivo cumprimento de seus deveres estatais consubstanciados principalmente no artigo 6º, *caput* da Constituição Federal pátria, os quais o Estado se obrigou a cumpri-los.

Por ser o crime uma ação humana, somente o homem pode ser autor de crime, embora em tempos remotos tenham sido condenados como autores de crimes animais, cadáveres e até estátuas. A conduta comissiva ou omissiva, pedra angular da teoria do crime, é produto exclusivo do homem. A capacidade de ação, de culpabilidade, exige a presença de uma vontade, entendida como faculdade psíquica da pessoa individual, que somente o ser humano pode ter (BITENCOURT, 2008, p.230).

Quanto à terminologia, alguns autores utilizam a expressão culpabilidade pela vulnerabilidade de maneira mais específica, contudo, há autores como Grégore Moura que entendem como sinônimos os termos coculpabilidade e culpabilidade pela vulnerabilidade. Salienta o citado autor que o termo coculpabilidade pode dar ensejo a confusões, pois parece denotar uma noção de culpa "penal" do Estado, porém, sabemos que não é isso que o termo coculpabilidade propõe, uma vez que o Estado, como detentor do *jus puniendi,* é incapaz de cometer delitos e sofrer sanções penais. Além disso, o Estado não é detentor dos principais elementos que caracterizam a formação do delito. É também importante ressaltar que o conceito de culpabilidade não deve ser aplicado apenas aos mais vulneráveis, já que deve ser considerado como terceiro elemento do conceito analítico de crime tanto para os mais vulneráveis quanto para aqueles que não se encontram nesta situação (MOURA, 2006, p.39-40).

Para Zaffaroni, como a culpabilidade de ato somente indica um limite máximo, não pode resultar dela a quantidade de poder punitivo que em cada caso se habilite, sem tomar em conta o dado da seletividade. Não é ético nem racional propor que as agências jurídicas ignorem por completo a falha ética mais notória da culpabilidade que, segundo o autor, é a chamada coculpabilidade. Ainda conforme o autor, a coculpabilidade é insuficiente porque em princípio invoca o preconceito de que a pobreza é a causa de todos os delitos. Em segundo lugar, ainda corrigindo esse preconceito, habilitaria mais poder punitivo para as classes hegemônicas e menos para as subalternas, o que pode conduzir a um Direito Penal classista em dois tempos. O terceiro ponto é que, seja rico ou pobre, o selecionado sempre o será com bastante arbitrariedade, com a qual esta tese não logra fazer cargo da seletividade estrutural do poder punitivo (ZAFFARONI, 2004, p.36-37).

Data vênia ao entendimento supramencionado de que a coculpabilidade seria um conceito insuficiente, porque supostamente aponta a pobreza como causa de todos os delitos, tal argumento não pode prosperar; uma vez que é cediço que a pobreza não é a causa de todos os delitos, estes podem ser cometidos por diferentes motivações e por diferentes classes sociais, além disso, o fundamento trazido pelo conceito de coculpabilidade não é o de colocar o estado de vulnerabilidade social como a causa maior da prática de infrações penais, **mas sim que tal vulnerabilidade seja considerada**, pois, esta muitas vezes influencia sobremaneira na prática de delitos e isso não pode ser desconsiderado sob pena de desconectarmos o Direito Penal do mundo real em que vivemos e nos distanciarmos cada vez mais de um Direito Penal mais justo e consequentemente mais humano.

Existem aqueles que conseguem driblar as dificuldades econômicas, sobrevivendo a duras penas, mas existem aqueles que, em determinadas situações, estão em um estado de vulnerabilidade social tão intenso que a autonomia de vontade do sujeito resta diminuída ou, dependendo do caso concreto, até mesmo excluída – a este sujeito é inexigível um comportamento conforme a norma. E é justamente nesse momento que o estado de vulnerabilidade social deve ser considerado, devendo igualmente ser considerado qual foi o seu grau de influência para a eclosão do crime e se efetivamente tal estado de vulnerabilidade impulsionou o sujeito à prática do delito. Por conseguinte, deve ser analisado também se o crime praticado tem correlação com o estado de vulnerabilidade social do sujeito ativo do delito.

Além disso, cumpre mais uma vez sublinhar que considerar a pobreza a causa principal do cometimento de crimes seria apoiar a ideia estigmatizante do etiquetamento social. Não é pelo fato de o sujeito ser excluído socialmente ou estar numa situação social desfavorável do ponto de vista econômico que ele irá sempre delinquir, nem todas as pessoas em situação de vulnerabilidade social delinquem, muitas sobrevivem de trabalhos informais, do auxílio de programas assistenciais promovidos pelo Estado ou até mesmo da boa vontade alheia. A pobreza, portanto, não pode ser considerada e não é a causa primordial do cometimento de delitos, mas essa vulnerabilidade social pode em certas situações ser tão exacerbada que pode "empurrar" o sujeito para a prática do delito.

Outro ponto relevante consiste no fato de que a prática do crime pode ter sido um episódio esporádico na vida do sujeito justamente em decorrência da pressão exercida pela situação ou estado de vulnerabilidade social.

Afinal, conforme ressalta Lola Aniyar de Castro, "ninguém é, pois, essencialmente, um delinquente. E ninguém o é todos os dias, nos quais a sua conduta e personalidade são semelhantes às condutas, lícitas ou ilícitas, de muitas outras pessoas" (CASTRO, 1983, p.66).

Além do que já foi exposto, acresce-se o fato de que não é a prática de todo e qualquer crime que pode ter liame com o estado de vulnerabilidade social do sujeito ativo do delito. A título de ilustração, crimes contra a dignidade sexual não têm relação com um eventual estado de vulnerabilidade social. Em outros termos, não são as condições sociais desfavoráveis que impelem o sujeito à prática do crime de estupro, por exemplo. Outros tipos de vulnerabilidades, como a vulnerabilidade psíquica, por exemplo, que pode influenciar nesse caso específico e também em outros casos, não são nosso objeto de análise, por entendermos que tal análise demandaria um trabalho à parte.

Em síntese, não discordamos que existem outros tipos de vulnerabilidades que podem sim contribuir ou impulsionar para a prática do crime. No entanto, neste livro enfocamos somente a vulnerabilidade sob o ponto de vista social, por ser a mais significativa, principalmente no caso do Brasil, onde a má distribuição de renda e as desigualdades sociais atingem milhões de pessoas que, empurradas para o crime em decorrência dessa vulnerabilidade, delinquem. E delinquem justamente em decorrência do menor grau de autodeterminação ou de um reduzido espaço de autodeterminação, pois coagidos pela falta de oportunidades e meios de ascender socialmente em face de uma situação concreta não têm como agir conforme a norma – em outras palavras, lhes falta a exigibilidade de um comportamento conforme o direito.

No concernente ao fato de que a coculpabilidade habilitaria um maior poder punitivo para as classes hegemônicas e menos para as subalternas, o que conduziria a um Direito Penal classista, tal pensamento também não reflete o objetivo perseguido pela coculpabilidade, uma vez que esta, quando é utilizada para elevação da reprovação social, é uma das manifestações da chamada "coculpabilidade às avessas", a qual contestamos e não concordamos com a sua aplicação, pois a utilização da coculpabilidade às avessas, além de ir na contramão do objetivo buscado pela coculpabilidade – da forma como ela deve ser entendida –, poderia sim criar um Direito Penal de classes conforme a condição social dos sujeitos, pois aqueles indivíduos que não estão em situação de vulnerabilidade social, aqueles que estão incluídos socialmente, não necessitam de elevação da reprovação, haja vista que a reprovação de suas condutas já está fixada e consequentemente limitada abstratamente no Código Penal em consonância com o tipo de delito praticado.

A coculpabilidade às avessas será melhor explicitada no tópico pertinente. No momento cumpre apenas salientar que não corroboramos com sua aplicação, pois foge à finalidade perseguida pela coculpabilidade e não se harmoniza com um Direito Penal que pretende ser mais justo.

A coculpabilidade não desconsidera a seletividade do Direito Penal, muito pelo contrário, sua positivação no ordenamento jurídico-penal significa um importante passo no percurso para redução da seletividade, já que a "clientela" do Direito Penal se consubstancia basicamente na seleção dos sujeitos pertencentes às camadas mais baixas da população. A coculpabilidade, portanto, funciona como um instrumento amenizador da seletividade – conforme será visto posteriormente –, pois possibilita, frente ao fato perpetrado, visualizar a pessoa concreta e não um sujeito abstrato, levando em consideração o grau ou intensidade da vulnerabilidade social e sua correlação ou não com o crime praticado.

Entendemos, sim, que há distinção entre os termos coculpabilidade e culpabilidade pela vulnerabilidade. O conceito de coculpabilidade está abarcado pelo conceito de culpabilidade pela vulnerabilidade, justamente por não englobar todos os tipos de vulnerabilidades. Do exposto, adotamos o termo coculpabilidade por estarmos nos referindo de forma específica ao conceito mais restrito, de vulnerabilidade social.

A imposição de uma pena exige não somente a constatação de um injusto, mas também uma referência à pessoa concreta que explique o motivo pelo qual lhe é imposta uma pena. Isso significa introduzir, na teoria do delito, um momento de reflexão e decisão sobre o autor e suas circunstâncias, de forma que o juiz possa decidir com certa amplitude não somente sobre o *quantum* da pena, mas também sobre a necessidade da imposição dela (HORMAZÁBAL MALARÉE, 2005, p.4).

Posteriormente explicitaremos as distinções entre coculpabilidade e culpabilidade pela vulnerabilidade, já que não entendemos que as expressões sejam sinônimas. Nesse ponto, somente desejamos enfatizar e justificar a adoção do termo "coculpabilidade" neste livro, pouco debatido na doutrina e raramente acatado pelos tribunais, muitas vezes pelo fato do próprio desconhecimento de seu conceito e dos objetivos pelos quais foi idealizada.

4.2. A COCULPABILIDADE E O PRINCÍPIO DA DIGNIDADE DA PESSOA HUMANA

É preciso compatibilizar o Estado Democrático de Direito com o Direito Penal, encarando aquele como meio de afirmação e consolidação das garantias e direitos fundamentais elencados em nossa Carta Magna, não somente no âmbito processual como também no âmbito do direito penal material.

Nesse passo, compatibilizar o Estado Democrático de Direito com essas duas áreas do Direito é também atentar para os fatores de ordem social, não apenas adotando mas também defendendo a ideia de uma responsabilidade indireta do Estado por sua omissão e negligência no campo social, especialmente para com aqueles indivíduos excluídos dentro da cadeia social. Para tal faz-se necessário estudar a coculpabilidade juntamente com os princípios penais implícitos e expressos pela Constituição, especialmente o princípio da dignidade da pessoa humana.

A aplicação da coculpabilidade, portanto, decorre do reconhecimento da exclusão social pelo Estado, responsabilizando-o indiretamente por esse fato, contudo, tendo como baliza a cautela para não transformar o criminoso em vítima e o Estado em criminoso, invertendo erroneamente as posições jurídicas de ambos. (MOURA, 2006, p.38).

O Direito Penal é repressivo, seletivo, marginalizador e estigmatizante. Partindo dessa perspectiva, a coculpabilidade pode ser apontada como uma forma de diminuição, amenização ou ainda correção dessa seletividade que atinge frequentemente os mais vulneráveis do ponto de vista econômico, que são impulsionados para o crime em decorrência da falta de oportunidades e de condições de vida digna. Considerar essas circunstâncias no momento da individualização da pena é, também, privilegiar o princípio da dignidade da pessoa humana.

A dignidade da pessoa humana tem uma textura aberta, o que dificulta uma conceituação precisa e definitiva. Nesse momento nos interessa muito mais a tentativa de concretização do princípio da dignidade da pessoa humana do que propriamente um conceito fechado e uniforme, o que salientamos ser uma tarefa difícil.

O termo "dignidade" aponta para, pelo menos, dois aspectos análogos, mas, distintos: aquele que é inerente à pessoa pelo simples fato de ser e nascer pessoa humana e outro dirigido à vida das pessoas, à possibilidade e ao direito que têm as pessoas de viver uma vida digna. A questão da vida digna tem outras conotações, embora a Constituição Federal estipule, inclusive, aquilo que entende como um mínimo de garantia para que a pessoa possa gozar de uma vida digna no seu artigo 6º (NUNES, 2010, p.64).

Nesse sentido, os direitos sociais, econômicos e culturais, seja na condição de direitos de defesa (negativos), seja na sua dimensão prestacional (atuando como direitos positivos), constituem exigência e concretização da dignidade da pessoa humana. Os direitos sociais de cunho prestacional estão a serviço da igualdade e liberdade material, objetivando, em última análise, a proteção da pessoa contra as necessidades de ordem material e a garantia de uma existência com dignidade, constatação que tem servido para fundamentar um direito fundamental, ainda que não expressamente positivado, a um mínimo existencial (SARLET, 2010, p.108).

Partindo do que já foi exposto, considerando a dignidade da pessoa humana como um valor fundamental da República Federativa brasileira, enfocando a conceituação do homem como dotado de dignidade que lhe é inerente, um homem que não tem condições materiais de vida, não tem acesso às oportunidades e meios de possuir uma boa educação, por exemplo, muitas vezes vivendo em condições desumanas e degradantes, é um excluído social e essa exclusão acarreta a violação da sua dignidade enquanto ser humano.

A coculpabilidade reconhece a ineficiência do Estado na promoção da dignidade da pessoa humana e, portanto, tenta minimizar os efeitos da exclusão social decorrentes da desigualdade de oportunidades, reconhecendo o acusado como sujeito de direitos e não como objeto do mesmo. A aplicação da coculpabilidade é um instrumento indispensável no reconhecimento da corresponsabilidade estatal que não leva aos seus cidadãos a dignidade da pessoa humana. Trata-se, igualmente, do reconhecimento do direito à dignidade do acusado (MOURA, 2006, p.63).

A coculpabilidade como elemento corretor ou amenizador da desigualdade na aplicação do Direito Penal ou, dito de outra forma, como elemento corretor ou amenizador da seletividade não somente do Direito Penal como também do sistema penal como um todo, contribui para que a pena possa ser proporcional ao grau de reprovabilidade do ato praticado pelo réu, já que no momento da aplicação da pena a negligência e omissão estatal no cumprimento dos direitos sociais deve ser observada, evitando assim uma sanção que não corresponda à realidade e evitando cada vez mais o afastamento do Direito Penal dessa realidade e do entorno do crime.

Aplicar uma pena que corresponda à medida da culpabilidade do agente e considere o sujeito concretamente levando em consideração o grau de vulnerabilidade social, e como esta o influenciou para a prática do delito, é nada mais, nada menos, que privilegiar o princípio da dignidade da pessoa humana, evitando penas desproporcionais e injustas, além de promover um Direito Penal mais humano.

4.3. A COCULPABILIDADE COMO DENSIFICAÇÃO DO PRINCÍPIO DA CULPABILIDADE

A culpabilidade é a categoria da teoria do delito que mais progride, haja vista a pluralidade de concepções e apesar de ser um tema complexo, seu estudo é fascinante e de fundamental relevância. A culpabilidade pode então ser considerada a parte mais delicada e significativa do Direito Penal, é o capítulo mais penal de toda a teoria do delito e em decorrência desse fato nos proporciona a chave para a crise pela qual atravessa nosso saber já há algum tempo e que parece acentuar-se. (ZAFFARONI, 2005, p.229).

A culpabilidade pode ser entendida a partir de distintas concepções e como princípio tem um conteúdo bastante rico e vasto – possui um conteúdo humanístico e garantidor, procurando racionalizar o *jus puniendi* estatal mediante a imposição de limites.

O autor de um crime deve ser responsabilizado pessoalmente pela prática de seu ato, o que configura uma conquista do Direito Penal moderno, já que impede a responsabilidade objetiva. Acresce-se a esse fato a exigência de que o sujeito tenha capacidade de se motivar pela norma e que conheça ou possa conhecer a antijuridicidade de sua conduta. Por tudo isto, configura-se o princípio da culpabilidade em um dos pilares do Direito Penal moderno na medida em que também preconiza o reconhecimento de certas circunstâncias que tenham relevância no momento da determinação da pena, servindo como fundamento e limite da pena.

O Direito Penal, justamente por seu caráter repressivo e de cerceamento à liberdade do agente, não pode estar desconectado com a realidade na qual vivemos, não pode desconsiderar a influência das adversidades sociais na prática de crimes e a desigualdade na distribuição da renda, enfim, a situação de exclusão social vivenciada por boa parte da população brasileira, pois, muitas vezes, a situação econômica adversa, o estado de vulnerabilidade social em que se encontra o agente, o deixa sem alternativas, o impulsionando para a prática do crime.

Lamentavelmente, apesar da importância do tema para o Direito Penal, a doutrina não tem inclinado seus estudos em relação à coculpabilidade, não existindo muitas obras publicadas que possam servir de referência ou ponto de partida para quem busca pesquisar ou simplesmente conhecer mais sobre o tema. Tal fato gera confusões e equívocos sobre o conceito, a aplicabilidade e natureza jurídica da coculpabilidade. Indubitavelmente tal fato representa um óbice e um desafio maior para quem pesquisa sobre o assunto, entretanto, estimula a busca por tentar desvendar as nuances do mesmo.

No tocante à jurisprudência, os tribunais também aplicam a coculpabilidade de maneira bastante tímida, quando aplicam. Quanto à legislação, existem algumas legislações que adotam de forma expressa a coculpabilidade, o que **não** é o caso do Código Penal brasileiro.

Entre as legislações que adotam a coculpabilidade explicitamente temos o artigo 45 do Código Penal do Peru, o qual consagra expressamente o princípio *"jus poenali"* da "coculpabilidade" da sociedade e do Estado no cometimento do delito, como causa eficiente ou condicionante das causas sociais, materiais e culturais da conduta criminal dos homens, por isso, se prescreve que o julgador deverá ter em conta no momento de fundamentação do fato e de determinação da pena as carências sociais que afetaram o agente (ESPINOZA, 2002, p.4).

Nesse sentido, estabelece o artigo 45 do Código Penal peruano (Decreto legislativo 635 de 8 de abril de 1991), *in verbis*:

> Artículo 45 - Presupuestos para fundamentar y determinar la pena
> El Juez, al momento de **fundamentar y determinar la pena**, deberá tener en cuenta:
> **a. Las carencias sociales que hubiere sufrido el agente** o el abuso de su cargo, posición económica, formación, poder, oficio, profesión o la función que ocupe en la sociedad;
> b. Su cultura y sus costumbres;
> c. Los intereses de la víctima, de su familia o de las personas que de ella dependan así como la afectación de sus derechos y considerando especialmente su situación de vulnerabilidad.

O sistema penal tanto legal e abstratamente quanto concretamente tem uma atuação diferenciada relativamente aos seus diferentes destinatários. Percebe-se que são tratados com maior tolerância as condutas próprias dos potenciais criminosos ricos, enquanto os miseráveis são tratados com maior rigor. Os maiores exemplos dessa distinção são os delitos patrimoniais, como o furto, que prevê uma punição desproporcional a certos casos de subtração de objetos de menor valor (ARAÚJO, 2010, p.71).

Em um mundo globalizado, no qual são fechados vultosos negócios comerciais, conferências, simpósios e afins são realizados, e distâncias são encurtadas via internet, não se globalizaram oportunidades de vida digna para todos, muito pelo contrário: talvez tais desigualdades, estejam, hoje, ainda mais exacerbadas.

Se milhares de pessoas sequer têm acesso à educação fundamental, mesmo se constituindo em um direito público subjetivo assegurado pela Constituição Federal de 1988 (artigo 208, parágrafo 1º), certamente não terão (e realmente não têm) igualmente acesso às inovações da sociedade da tecnologia da informação e, consequentemente, mais uma vez serão excluídos do mercado de trabalho por falta de capacitação – serão (e são) então não somente excluídos sociais como também excluídos digitais. Carentes de oportunidades e dos meios para ascender socialmente, muitos indivíduos passam a praticar delitos, especialmente crimes contra o patrimônio.

Não que a falta de oportunidades e que condições econômicas desfavoráveis sejam justificativas para que indivíduos carentes de políticas efetivas de inclusão social, incluindo nesse contexto educação básica fundamental e acesso aos níveis mais elevados de ensino, pesquisa e criação artística em consonância com o preceituado por nossa Carta Magna (artigo 208, inciso V), cometam delitos. Alguns indivíduos conseguem superar as adversidades da vida e romper com as estatísticas nada animadoras com as quais nos debatemos, especialmente em um país com tantas desigualdades sociais. No entanto, o que dizer daqueles que não conseguem?

Não seria plausível e nem justo punir pessoas que, por estarem em situação de desigualdade, têm reduzida ou até mesmo excluída (dependendo da intensidade da vulnerabilidade social) sua capacidade de autodeterminação e liberdade de escolha, ferindo inclusive o princípio da isonomia.

A condição de pessoa impõe tratamento igual para os iguais e desigual para os desiguais. A coculpabilidade seria então um *mea culpa* do Estado que tolera a existência de desigualdades econômicas, injustiças sociais, políticas e culturais. A partir da coculpabilidade há o reconhecimento estatal de sua inadimplência em relação ao fato de não brindar a todos os homens com iguais possibilidades de superação dessas dificuldades, e que a delinquência é gestada em decorrência das condições sociais de injustiça que impera na sociedade. Por conseguinte, a coculpabilidade diminui ou desaparece na mesma proporção em que o delinquente teve ou não oportunidades materiais, sociais e culturais para realizar-se como ser humano honrado e comportar-se conforme os mandatos ou proibições normativas e as normas culturais de convivência social. Ainda conforme o entendimento de Espinoza, esse *mea culpa* estatal teria o efeito de elevar ou atenuar o direito de castigar, ou seja, o *jus puniendi*, exercido pelo Estado em nome da sociedade. (ESPINOZA, 2002, p.5).

Convém salientar mais uma vez que a coculpabilidade não deve ser utilizada concorrentemente para elevar a reprovação daqueles que estão incluídos socialmente, e, portanto, não se encontram em estado de vulnerabilidade social, e também para abrandar ou atenuar a reprovabilidade da conduta daqueles que estão em uma situação de vulnerabilidade social.

> Todo sujeito age numa circunstância determinada e com um âmbito de autodeterminação também determinado. Em sua própria personalidade há uma contribuição para esse âmbito de autodeterminação, posto que a sociedade - por melhor organizada que seja - nunca tem a possibilidade de brindar a todos os homens com as mesmas oportunidades. [...] **há sujeitos que têm um menor âmbito de autodeterminação, condicionado desta maneira por causas sociais**. Não será possível atribuir estas causas sociais ao sujeito e **sobrecarregá-lo** com elas no momento da **reprovação de culpabilidade**. Costuma-se dizer que há, aqui uma "coculpabilidade", com a qual a própria sociedade deve arcar (ZAFFARONI; PIERANGELI, 2009, p.525, grifo nosso).

Com a coculpabilidade é possível, portanto, a consideração no juízo de reprovabilidade, que é da essência da culpabilidade, a concreta experiência social dos réus, as oportunidades que tiveram e a assistência que lhes foi propiciada, correlacionando sua própria responsabilidade a uma responsabilidade geral do Estado que é o responsável pela imposição da pena (BATISTA, 2002, p.105).

É imperioso, especialmente levando em consideração a realidade social de países latino-americanos, a previsão de aparatos legais que façam recair sobre o Estado (ou na sociedade) e não no indivíduo a falta do indispensável para o desenvolvimento de uma vida digna. Nesse sentido, salienta Vitale, é necessário também exigir das legislações penais a previsão expressa de normas que assim prevejam tal fato, como é o caso das previsões de atenuantes de pena em razão da maior quota de necessidades básicas insatisfeitas, já presentes em muitos Códigos Penais (VITALE, 1998, p.112).

O sistema penal é apontado como igualitário, atingindo igualmente as pessoas em face de suas condutas, contudo, é de fato seletivo, atingindo apenas determinadas pessoas, integrantes de determinados grupos sociais. O sistema penal que deveria promover o respeito à dignidade da pessoa humana, na verdade, é estigmatizante e gera uma deturpação da figura social de sua clientela. Sistemas penais como o brasileiro são seletivos, repressivos e estigmatizantes, por isso, não se pode ignorar a contradição entre as linhas programáticas legais e o funcionamento das instituições que as executam (BATISTA, 2002, p.25-26).

Há ainda autores que enxergam na coculpabilidade uma aproximação com o garantismo penal, pois aproxima o sistema penal e o processo penal da verdade, ao retratar na aplicação da pena e na produção da prova em juízo uma condenação mais harmoniosa com a realidade fática. Partindo desse entendimento, sustenta Grégore Moura que a coculpabilidade, assim como o sistema penal garantista proposto por Ferrajoli, não almeja tornar perfeito o sistema penal e processual penal, o que seria muito difícil de ser concretizado, porém, aproxima esses dois ramos jurídicos tendo por fundamento a existência da funcionalidade e eficácia das garantias constitucionais. (MOURA, 2006, p.67).

O garantismo funciona como limitador do *jus puniendi* estatal, buscando impedir arbitrariedades como forma de assegurar um sistema efetivo de tutela aos direitos fundamentais. A coculpabilidade pode também ser entendida como um limite ao *jus puniendi* estatal, no sentido de não sobrecarregar o indivíduo com as causas sociais (em decorrência de sua vulnerabilidade social), no momento da aplicação da pena, uma vez que, já vítima do sistema social excludente, com a imposição da pena torna-se também vítima do sistema penal, que é estigmatizante por natureza, dessa forma, podemos enxergar uma correlação da coculpabilidade com a teoria do garantismo penal.

A partir de seus estudos, conforme já exposto quando da análise da teoria psicológico-normativa, Frank entende que a partir dos exemplos por ele formulados e do uso da linguagem cotidiana se pode chegar a distintas graduações da culpabilidade conforme as diferentes circunstâncias concomitantes, uma vez que a culpabilidade não pode ser concebida somente como a relação psicológica entre o autor e o fato praticado, intróduzindo, portanto, um elemento inovador à época, que foi a normalidade das circunstâncias sob as quais atua o autor.

É comum na dogmática jurídico-penal que as premissas de uma construção sejam rejeitadas, porém, a conclusão que delas pode ser extraída resista ao desmoronamento das bases que as sustentam, as circunstâncias concomitantes, seria um exemplo disso. O entendimento de Frank, contudo, salienta Batista, tenta ordenar o complexo de relações sociais condicionantes da conduta e importantes para sua imputação jurídica, o que faz com que possamos visualizar um dos muitos esboços precursores da ideia de coculpabilidade. (BATISTA, 2011, p.163-164).

Frank nos fornece o exemplo de um caixa de um comércio e um portador de valores, que realizam, cada um, isoladamente, uma defraudação. Este último leva uma boa vida e não tem família, mas sim aventuras suntuárias. O primeiro, contrariamente, apenas ganha a vida, tem uma mulher doente e numerosos filhos pequenos. Em que pese cada um deles ter conhecimento que se apropriou ilicitamente de dinheiro alheio (em relação ao dolo não existe diferença alguma), neste caso, *a priori*, todos concordariam que o caixa tem uma culpabilidade menor que o portador de valores, já que ele foi influenciado por circunstâncias desfavoráveis nas quais se encontrava, enquanto que a culpabilidade do portador de valores, opostamente, é agravada ou elevada pelo fato de possuir uma boa situação financeira e por seus gastos desmedidos.

Segundo Frank, os tribunais graduam ou medem a culpabilidade conforme as circunstâncias concomitantes, a lei aumenta ou diminui a punibilidade levando em consideração tais circunstâncias, mas isso não significa que haja uma influência direta das circunstâncias concomitantes na culpabilidade.

Embora Frank parta da ideia muito similar à coculpabilidade às avessas (ou seja, a análise de condições sociais para concorrentemente atenuar ou elevar a reprovabilidade em relação à conduta do agente, ideia esta equivocada, pois desvirtua o próprio conceito de coculpabilidade, a qual não se correlaciona com a ideia de um Direito Penal de classes, conforme já salientado), podemos visualizar nas denominadas circunstâncias concomitantes a semente, ainda que muito incipiente, da ideia de coculpabilidade, notadamente quando Frank entende que tais circunstâncias (que, inclusive, podem ser condições sociais adversas) podem atenuar a culpabilidade do sujeito ou até mesmo excluí-la, dependendo do caso concreto.

Há ainda o entendimento de que a coculpabilidade nada mais seria que um "novo" *nomen juris* para um "antigo" conceito, a própria culpabilidade. Há autores que entendem que a chamada coculpabilidade não é senão uma dimensão do próprio conceito de culpabilidade enquanto circunstância legal, a **atenuar ou agravar a pena**, conforme o caso, uma vez que, se culpabilidade é exigibilidade (maior ou menor), a ser aferida tomando em consideração as múltiplas variáveis do caso concreto, há de ser menor quanto àquele que comete delito em decorrência de condições socioeconômicas adversas. Sinteticamente, coculpabilidade é um nome novo para designar coisa velha, a própria culpabilidade (QUEIROZ, 2008a, p.284, grifo nosso.).

Apesar da existência do entendimento supramencionado, não corroboramos com o mesmo, pois a coculpabilidade não deve ser ao mesmo tempo utilizada para atenuar e aumentar a reprovabilidade em relação à conduta do agente, pois conforme já salientado, tal entendimento desemboca na chamada coculpabilidade às avessas que pode terminar por criar um Direito Penal de classes, atenuando a reprovabilidade no caso dos vulneráveis sociais e aumentando a reprovabilidade no caso dos incluídos sociais – e isso desvirtua o sentido original para o qual foi idealizado o próprio conceito de coculpabilidade, que é precipuamente a consideração da vulnerabilidade social para uma correta e justa individualização da pena. Cumpre ressaltar, mais uma vez, a reprovação dos que estão incluídos socialmente já está prevista de forma abstrata na lei, não havendo necessidade de agravamento da mesma.

Com a aplicação da coculpabilidade, o juízo de imputação, não se dirige a um ser abstrato, mas a um homem concreto, real, inserido em um contexto social desigual, albergando nesse juízo de imputação a corresponsabilidade indireta do Estado por sua inércia e/ou negligência no efetivo cumprimento dos direitos sociais.

A partir da incidência da coculpabilidade é observado no juízo de imputação não somente o grau de vulnerabilidade social do agente, e como esta influenciou no cometimento do delito, como também possibilita uma reflexão crítica sobre o próprio processo de criminalização (tanto em relação à criminalização primária, quanto em relação à criminalização secundária), que se destina precipuamente aos mais vulneráveis sob o ponto de vista socioeconômico, propiciando assim uma forma de amenizar a seletividade do sistema penal.

Há ainda autores que visualizam a coculpabilidade como sendo um princípio (princípio da coculpabilidade). Para Grégore Moura, a coculpabilidade seria então um princípio constitucional implícito que reconhece a corresponsabilidade estatal no cometimento de determinados delitos praticados por cidadãos que possuem menor âmbito de autodeterminação diante das circunstâncias do caso concreto, sobretudo no tocante às condições sociais e econômicas do agente, o que propicia menor reprovação social, gerando consequências práticas não só na aplicação e execução da pena, mas também no processo penal (MOURA, 2006, p.36-37).

O citado entendimento parte da ideia do sistema de garantias encampado na Constituição Federal de 1988 – previsto no artigo 5º, parágrafo segundo – que estabelece que os direitos e garantias expressos na Constituição não excluem outros decorrentes do regime e dos princípios por ela adotados. Dessa forma a coculpabilidade seria um princípio constitucional implícito decorrente desse sistema de garantias adotado pela Carta Magna.

Com a devida licença, não corroboramos com o entendimento de que a coculpabilidade seja um princípio, ainda que implícito; contudo, pode ser sim considerada complementar e interligada ao princípio da culpabilidade. Nesse sentido, a coculpabilidade pode ser entendida como se fosse uma ramificação do próprio princípio da culpabilidade, já que este tem um conteúdo eminentemente humanístico-garantidor funcionando como limite, fundamento e medida da pena.

Do exposto, a coculpabilidade deve ser entendida como uma decorrência do princípio da culpabilidade, no sentido de uma densificação, de uma corporificação do referido princípio, na medida em que procura analisar e incorporar dentro do juízo de culpabilidade o sujeito concreto face uma situação de fato concreta, inserido em um contexto social desigual. Leva em consideração também, além do grau de vulnerabilidade social, o dado da seletividade do Direito Penal, além da capacidade de autodeterminação do sujeito e suas reais possibilidades de agir ou não conforme a norma.

Cumpre ressaltar que a coculpabilidade não incide (e nem poderia!) em todas as espécies de delitos, e somente será aplicável aos delitos que tenham consonância com o estado de vulnerabilidade social do sujeito, ou seja, é necessário que seu estado de vulnerabilidade tenha sido essencial para a prática do crime, que em decorrência dessa vulnerabilidade seja reduzida ou excluída a exigibilidade de um comportamento conforme a norma. Dependendo do crime perpetrado pelo sujeito será inviável a aplicação da coculpabilidade ou a simples alegação da defesa acerca de sua aplicabilidade a um determinado caso concreto por absoluto antagonismo entre o fato delituoso praticado e seu suposto estado de vulnerabilidade social.

De maneira geral, justamente em decorrência da situação de vulnerabilidade social ou das condições sociais desfavoráveis do sujeito, a coculpabilidade pode incidir nos casos de crimes patrimoniais ou crimes cujo objetivo é auferir retorno pecuniário, como em alguns casos específicos, o ingresso no tráfico de drogas, por exemplo. Urge sempre a análise diligente do caso concreto para que a coculpabilidade não seja aplicada destoando dos seus reais objetivos.

A coculpabilidade assume relevância por ser fundamental na busca por um Direito Penal mais justo, menos seletivo e efetivamente consubstanciador do princípio da dignidade da pessoa humana, pois uma pena que observe o autor de forma concreta, não como um ser "ideal" ou abstrato, distante e alheio à realidade e à sua vulnerabilidade social, é uma pena justa.

Por fim, podemos conceituar então a coculpabilidade como uma densificação do princípio da culpabilidade, entendido este como limite, fundamento e medida da pena com o objetivo de enfocar o sujeito concreto face a uma situação de fato concreta em que possa ser considerado o estado de vulnerabilidade social ou a situação econômica desfavorável no momento da aplicação da pena e que esse estado de vulnerabilidade seja de tal forma que, na situação concreta, seja inexigível do sujeito um comportamento conforme a norma. Em outros termos, o estado de vulnerabilidade social deve ser intenso a ponto de, caso fosse inexistente, o crime não teria sido praticado. Nesse sentido, haveria uma responsabilidade estatal indireta ou uma corresponsabilidade estatal por sua inércia e negligência no cumprimento dos direitos sociais e consequentemente não oportunizar possibilidades de ascensão social e condições dignas para todos conforme preconizado por nossa Carta Magna, mais especificamente no artigo 6º, *caput*.

Em síntese, a coculpabilidade é o reconhecimento do Estado não somente de sua omissão e negligência em relação ao efetivo cumprimento dos direitos sociais como também o reconhecimento das desigualdades existentes no plano social.

4.4. COCULPABILIDADE X CULPABILIDADE PELA VULNERABILIDADE: DISTINÇÃO

Segundo entendimento de Zaffaroni, a coculpabilidade se configura em um conceito insuficiente porque em princípio invoca o preconceito de que a pobreza é a causa de todos os delitos. Isso habilitaria mais poder punitivo para as classes hegemônicas e menos para as subalternas, o que pode conduzir a um Direito Penal classista e, por fim, não importa que seja economicamente privilegiado ou não, o selecionado sempre o será com bastante arbitrariedade, com o qual esta tese não logra fazer cargo da seletividade estrutural do poder punitivo (ZAFFARONI, 2004, p.36-37).

Já explicitamos os motivos pelos quais não consideramos que o conceito de coculpabilidade seja insuficiente. Neste tópico o objetivo é traçar as principais diferenças entre a coculpabilidade e a culpabilidade pela vulnerabilidade.

Insta, contudo, salientar que, em realidade, tais conceitos têm pontos de interseção, pois ambos geram um dever por parte do intérprete de considerar as circunstâncias concretas do sujeito no momento da prática do ato delituoso, com o objetivo de levar em consideração a vulnerabilidade (que no caso da coculpabilidade é a vulnerabilidade social) no momento da aferição de sua responsabilidade.

A culpabilidade pela vulnerabilidade constata o estado de vulnerabilidade do sujeito e o esforço que este realiza para alcançar a situação concreta em que foi atingido pelo poder punitivo e procede a sua tradução valorativa. A síntese será uma tradução que se projetará sobre a pena até o limite da reprovabilidade, do esforço, sempre que não supere o indicado pela culpabilidade de ato. (ZAFFARONI, 2004, p.44).

Conforme entendimento de Grégore Moura, já anteriormente ressaltado, o termo coculpabilidade é sinônimo de culpabilidade pela vulnerabilidade, contudo, também enfatiza que alguns juristas utilizam a expressão culpabilidade por vulnerabilidade de maneira mais específica, ao elaborar um conceito de culpabilidade em consonância com a realidade socioeconômica e adotando, às vezes, uma teoria agnóstica da pena. Denominam a vulnerabilidade como o grau de esforço realizado pelo sujeito para alcançar uma concreta posição diante do poder punitivo, no entanto, a inadimplência do Estado, ou seja, a coculpabilidade é o que leva o agente a ser mais vulnerável ao poder punitivo. Além disso, o conceito de culpabilidade não deve ser aplicado apenas aos mais vulneráveis, já que deve ser considerado como terceiro elemento do conceito analítico de crime tanto para os mais vulneráveis quanto para aqueles que não se encontram nesta situação (MOURA, 2006, p.39).

Em um conceito agnóstico da pena, o Direito Penal pode construir sua teoria do ilícito por trilhos parcialmente diferentes dos utilizados pelas teorias tradicionais, sem se afastar de forma significativa de seus elementos. Para tal, crê Zaffaroni que se deve manter o conceito de culpabilidade sem abandonar as formas da ética tradicional, pois o abandono destas formas conduz ao risco de acabar destruindo o próprio conceito de pessoa (ZAFFARONI, 2004, p.36).

A partir da perspectiva agnóstica, a culpabilidade ocupa uma função essencial como meio de contenção. A culpabilidade não serve para legitimar a pena. Afirmar que a culpabilidade sustenta a imposição da pena a um indivíduo concreto não significa uma aceitação crítica ou acrítica da pena, pois são questões distintas. Busca-se com o alicerce material da culpabilidade o estabelecimento de garantias mínimas para a vinculação pessoal de uma infração penal a seu autor. Ainda a partir de uma visão crítica, reconhece-se que é necessário haver algo para além da prática de um injusto penal para que se sustente a imposição da pena a um indivíduo concreto. E isso se costuma chamar de culpabilidade, que não depende de uma teoria legitimadora da pena para sua afirmação (MELLO, 2019, p.339-341).

Os autores Zaffaroni, Slockar e Alagia fundamentam em dados da sociologia criminal seu conceito de culpabilidade, o qual é elaborado a partir de uma concepção de homem afastado dos enfoques metafísicos aos quais adere a teoria normativa da culpabilidade ou às posturas que são dotadas de conteúdos preventivos. Para eles o *"reproche"* não se dirige a um ser abstrato dotado de livre-arbítrio e com uma racionalidade homogênea, mas sim a um homem concreto na sociedade desigual e discriminatória. Este conceito de culpabilidade traz implícita a ideia de corresponsabilidade social no processo de criminalização, pois já não se trata somente da censura ao autor do injusto, mas também da responsabilidade do Estado titular de um poder punitivo irracional que se dirige aos grupos sociais mais vulneráveis (HORMAZÁBAL MALARÉE, 2005, p.9).

Nesse ponto, não vemos diferenças substanciais entre os conceitos de coculpabilidade e culpabilidade pela vulnerabilidade, uma vez que a coculpabilidade visa observar a situação concreta de vulnerabilidade, no caso, especificamente a vulnerabilidade social. Portanto, não ignora o dado da seletividade, muito pelo contrário, o alberga quando o reconhece e se propõe a ser um instrumento corretivo ou amenizador da seletividade, com o objetivo de aproximar o Direito Penal do mundo real que nos cerca e do entorno do crime.

A culpabilidade pela vulnerabilidade não é uma correção da culpabilidade pelo ato – é o oposto dialético, do qual surgirá a culpabilidade penal como síntese. Visto que a culpabilidade pela vulnerabilidade atua como antítese redutora, nunca poderá a culpabilidade penal resultante da síntese superar o grau indicado pela reprovação da culpabilidade pelo ato. Sustenta-se que a culpabilidade pela vulnerabilidade não é uma alternativa à culpabilidade como reprovação ética, mas um passo superador da culpabilidade que, como todo processo dialético, a pressupõe e a conserva em sua síntese. À culpabilidade pelo esforço do sujeito para alcançar a situação concreta de vulnerabilidade se lhe opõe para equilibrar a falta de atenção sobre o fenômeno da seletividade (na medida em que corresponda), e se sintetiza em uma culpabilidade normativa penal que pode reduzir a reprovação pelo ato, mas nunca ampliá-lo (ZAFFARONI, 2004, p.39).

Posto que o poder punitivo sempre manterá o caráter irracional derivado de sua própria estrutura, quer dizer, por um lado a carência de uma utilidade confessável e por outro a inevitável falha ética com que marca a seletividade, a culpabilidade não pode ser entendida como uma censura legitimante do poder punitivo que se habilita em sua função, mas somente como um limite à irracionalidade seletiva de vulneráveis e seu consequente defeito ético (ZAFFARONI, ALAGIA, SLOKAR, 2002, p.654).

A crítica que faz Zaffaroni ao conceito de coculpabilidade é que tal conceito possui uma falha ética, que seria a desconsideração da seletividade, o que não procede, conforme já exposto. Tal conceito se mostra ético, pois reconhece a seletividade do sistema penal propugnando pela atenuação da pena em decorrência do reduzido âmbito de autodeterminação do sujeito ou até mesmo uma exclusão da culpabilidade, dependendo do exame do caso concreto.

A culpabilidade pela vulnerabilidade reconhece como antecedente importante o conceito de coculpabilidade, cuja ideia principal corresponde ao fato de que já que em nenhuma sociedade existe uma mobilidade vertical tão livre que proporcione a todos os seus membros o mesmo espaço social, a censura de culpabilidade deve se amoldar em cada caso ao espaço social que a pessoa teve acesso e como decorrência disso, a sociedade deve arcar com a parte que lhe foi negada (nessa medida, é coculpável), sendo indiscutível que esse entendimento é capaz de inserir em uma construção da culpabilidade normativa, um relevante componente realista (ZAFFARONI et al., 2002, p. 656).

A culpabilidade pela vulnerabilidade tem como pressuposto a culpabilidade pelo fato, portanto, o *"reproche"* terá por suporte a autodeterminação do sujeito no momento da prática do delito. Após essa fase é analisado, então, o esforço pessoal do sujeito para alcançar a situação concreta de vulnerabilidade.

A seletividade operada pelo poder punitivo no caso concreto é um fator que se desconta da culpabilidade do sujeito ao medir seu esforço pessoal. Isso significa que à medida que cobre a distância entre o estado de vulnerabilidade e a situação de vulnerabilidade será menor quando aquele estado seja maior e vice-versa, portanto, o melhor e o pior estado prévio de vulnerabilidade já se encontram valorados nesta síntese que impõe a culpabilidade pela vulnerabilidade, cujo pressuposto é a culpabilidade de ato (URSO, 2008, p.9).

A vulnerabilidade comporta graus, podendo estabelecer-se níveis conforme a atuação em que se tenha colocado a pessoa. Os fatores de vulnerabilidade podem ser classificados em dois grupos: posição ou estado de vulnerabilidade e o esforço pessoal para a vulnerabilidade. O primeiro grupo é preponderantemente de cunho social, condicionado socialmente, consistente no grau de risco ou perigo que a pessoa corre só por pertencer a uma classe ou estrato social, por exemplo, como também por se encaixar em um estereotipo em decorrência das características que a pessoa recebeu. O esforço pessoal para a vulnerabilidade é predominantemente individual, consistente no grau de perigo ou risco em que a pessoa se coloca em razão de um comportamento particular (ZAFFARONI, 2011, p.270).

A coculpabilidade, considerada como o antecedente da culpabilidade pela vulnerabilidade, reconhece o menor âmbito de autodeterminação de alguns sujeitos em decorrência de condições sociais desfavoráveis, ou seja, reconhece a experiência concreta dos autores e as oportunidades que lhes foram oferecidas. Seria, em outras palavras, a admissão, o reconhecimento por parte do Estado de sua negligência, de sua omissão e de seu inadimplemento no tocante ao efetivo cumprimento dos direitos sociais, gerando sua corresponsabilidade indireta em virtude desse fato e podendo gerar consequentemente uma atenuação da pena em decorrência desse fato ou mesmo a exclusão da culpabilidade dependendo do caso concreto e do grau de intensidade do estado de vulnerabilidade social do sujeito.

Então podemos dizer, como o faz Nilo Batista, que, "em certa medida, a coculpabilidade faz sentar no banco dos réus, ao lado dos mesmos réus, a sociedade que os produziu" (BATISTA, 2002, p.105).

A culpabilidade pela vulnerabilidade não veio para diminuir os espaços de aplicação da coculpabilidade, mas para complementá-la. A vulnerabilidade já se fazia presente na coculpabilidade no sentido de danosidade socioeconômica, fragilidade decorrente da marginalização social e da exclusão na distribuição dos bens da civilização, configurando-se, portanto, em uma vulnerabilidade social (PETER FILHO, 2011, p.216).

A culpabilidade pela vulnerabilidade contém, enquanto parte do esforço pessoal para a vulnerabilidade, a culpabilidade pelo injusto, que cumpre a sua função negativa ou limitadora pela culpabilidade total para a vulnerabilidade, a ponto de, caso não haja culpabilidade pelo injusto, não poder conceber culpabilidade alguma para a vulnerabilidade (ZAFFARONI, 2004, p.275-276).

Do exposto, entendemos que existem pontos de interseção entre a coculpabilidade e a culpabilidade pela vulnerabilidade, até mesmo porque a coculpabilidade, por ser um conceito mais restrito, está contido no conceito de culpabilidade pela vulnerabilidade. Por óbvio, não é somente a vulnerabilidade social que influencia no cometimento de delitos, contudo, nos restringimos a ela neste livro, por entendermos que ela é, sim, a mais significativa, a mais explícita, a que atinge milhões de pessoas, principalmente se enfocarmos a realidade brasileira, na qual há uma desigualdade social elevada, há uma maior criminalização das condutas atribuídas às classes consideradas "subalternas" e também sujeitos pertencentes a essas classes são selecionados com mais intensidade e rigor do que os sujeitos pertencentes às classes privilegiadas.

Faz-se necessário, enfim, enfocar a vulnerabilidade social até mesmo para que o próprio Estado reconheça a sua omissão, a sua negligência e seu inadimplemento em relação ao efetivo cumprimento dos direitos sociais e, especialmente, possa de maneira satisfatória ofertar o mínimo existencial para que todos possam viver dignamente, ou para que, pelo menos, todos tenham os meios e a oportunidade de viver dignamente.

Enquanto não atingida, ainda que parcialmente, essa aspiração, é imprescindível a positivação da coculpabilidade no Código Penal para que o juiz, no momento da aplicação da pena, possa considerar o estado de vulnerabilidade social do sujeito, desde que o delito tenha conexão com o seu estado de vulnerabilidade e que, portanto, não seja exigível do sujeito, na situação em que se encontrava no momento da perpetração do crime, um comportamento conforme a norma.

Não basta apenas criticar o sistema penal e sua seletividade e não propor ou defender possibilidades de atenuação dessa seletividade, que se tornou marcante especialmente no nosso país, impregnado de preconceitos, os quais são também transportados e reproduzidos (infelizmente!) para o nosso sistema penal.

Enquanto a positivação legal e expressa não existir no ordenamento jurídico penal pátrio, assim como já existem em outros ordenamentos penais, visualizamos a coculpabilidade não somente como uma hipótese de atenuação da pena, como também dependendo da análise do caso concreto, como uma hipótese supralegal de exclusão da culpabilidade por inexigibilidade de conduta diversa.

4.5. COCULPABILIDADE X SELETIVIDADE NO DIREITO PENAL

O sistema penal, conforme já explicitado, tem a seletividade como um traço marcante, selecionando os sujeitos mais vulneráveis, notadamente do ponto de vista socioeconômico, para alçar suas garras, sendo a criminalização secundária a mais estigmatizante e seletiva.

A seletividade operacional da criminalização secundária e sua preferencial orientação burocrática sobre pessoas sem poder e por fatos até mesmo insignificantes provocam uma distribuição seletiva e, tal qual uma epidemia, atinge apenas aqueles que têm baixas defesas perante o poder punitivo, aqueles que se tornam mais vulneráveis à criminalização secundária, seja porque suas características pessoais se encaixam nos estereótipos criminais, seja porque seus atos ilícitos são de fácil detecção, ou ainda seja porque a etiquetagem suscita a assunção do papel correspondente ao estereótipo, com o qual seu comportamento acaba respondendo. Enfim, as agências selecionam aqueles que circulam pelos espaços públicos e se amoldam ao estereótipo de delinquente (ZAFFARONI et al., 2003, p.47).

Os mecanismos de criminalização secundária evidenciam ainda mais o caráter seletivo do Direito Penal. As maiores chances de ser selecionado para fazer parte da "população criminosa" aparecem concentradas nos níveis mais baixos da escala social. A posição precária no mercado de trabalho e as falhas na socialização familiar e escolar, que são características dos indivíduos pertencentes aos níveis mais baixos e que na criminologia positivista e em boa parte da criminologia liberal contemporânea são indicados como as causas da criminalidade, revelam ser, antes, conotações sobre a base das quais o *status* de criminoso é atribuído (BARATTA, 2011, p.165).

O sistema penal pela via da criminalização secundária, conforme explicitado, direciona sua atuação para aqueles que se encaixam no perfil traçado pelas instâncias oficiais de poder, ou em outros termos, direciona sua atuação para os vulneráveis sociais, aqueles que estão submetidos a condições econômicas e sociais desfavoráveis ou adversas, consequentemente, não raro, essas mesmas instâncias oficiais que atuam na persecução penal cerram os olhos para os delitos praticados por pessoas das classes com maior poder econômico, demonstrando nítido caráter seletivo e, por que não dizer, também discriminatório, já que os atos ilícitos das classes consideradas subalternas são mais facilmente detectados dos que os praticados pelos integrantes das classes consideradas hegemônicas. Reside também desse fato a importância da incidência da coculpabilidade no sentido de contornar ou amenizar essa seletividade do sistema penal, bem como promover feições mais humanas e mais consentâneas com a realidade na análise de um caso concreto, objetivando uma pena mais digna e justa.

A aplicação da coculpabilidade concretiza a responsabilidade da sociedade na seleção dos bens jurídicos que devem ser protegidos e daqueles a quem se interessa punir, propiciando não só uma análise mais justa da reprovação social e penal do agente, como também reprova indiretamente a própria sociedade e o Estado, verdadeiros responsáveis pela marginalização. Relevante enfatizar que a coculpabilidade não elimina a seletividade do sistema penal, mas atua como corretor dessa seletividade, diminuindo, portanto, seus efeitos, propiciando o desenvolvimento de um espírito crítico e responsável que oriente toda a sociedade, além de aproximar o Direito Penal da culpabilidade material e da igualdade material (MOURA, 2006, p.109).

Sabemos que o Direito Penal é produtor e reprodutor das desigualdades existentes no plano social, e como os mais vulneráveis do ponto de visto socioeconômico são os maiores "alvos", fazendo parte da "clientela" preferencial do sistema penal, são estes que compõem a maior parcela da população carcerária. Lamentavelmente, quando egressos do cárcere acabam se tornando ainda mais vulneráveis, pois estão estigmatizados e rotulados, dificultando suas vidas pós-cárcere e em decorrência da ausência ou escassez de oportunidades, estes frequentemente engrossam os índices de reincidência.

Partindo da premissa de que o Estado não oferece o mínimo existencial para todos, não oferece iguais oportunidades de capacitação profissional e de ingresso no mercado de trabalho, o Estado rompe com o pacto social quando deixa de cumprir esse objetivo, gerando, nesse sentido, de forma indireta, sua corresponsabilidade. Então, no momento da aplicação da pena não é justo fazer recair tais causas sociais desfavoráveis sob o sujeito em estado de vulnerabilidade social, caso o delito tenha sido praticado em decorrência dessa vulnerabilidade. Deve ser considerado então o seu estado de vulnerabilidade social no momento da prática do delito e quanto esta influenciou, impulsionou e pressionou o sujeito a praticá-lo.

Em busca de um Direito Penal mais justo, menos seletivo e menos desigual se faz necessária a positivação da coculpabilidade para, conforme já asseverado, se configurar em um direito público subjetivo do réu e, enfim, deixar de ser uma mera discricionariedade ou faculdade do magistrado quando possa ser aplicada em uma situação de fato concreta.

A incidência e a correta aplicação da coculpabilidade quando esta for cabível em um caso concreto, torna o Direito Penal mais humano, pois enxerga o sujeito ativo do delito e sua vulnerabilidade social e como corporificação do princípio da culpabilidade que é, tem assegurada a sua função humanística e garantidora, sendo também medida, fundamento da pena e limite ao *jus puniendi* estatal.

5. COCULPABILIDADE: UMA ANÁLISE A PARTIR DA CRIMINOLOGIA SOCIOLÓGICA

Neste ponto, nosso objetivo é analisar a coculpabilidade a partir de uma perspectiva criminológica. Enfocaremos primeiramente a teoria da responsabilidade social de Enrico Ferri; será também enfatizada a teoria da anomia e, para tal tarefa, serão enfocados seus principais expoentes, notadamente centrando a análise nos estudos de Émile Durkheim e especialmente Robert Merton, nesse *iter* analisaremos a sua relação com a coculpabilidade, as diferenças e pontos de interseção porventura existentes.

O Direito Penal, responsável pelo controle social formal por excelência, além de outras particularidades, se caracteriza por ser normativo, e, consequentemente, é em muitos casos concretos, aplicado de forma fria e desconectado da realidade, do mundo "real" em que vivemos, alheio à situação de vulnerabilidade social de milhões de pessoas. Urge compatibilizar o Estado Democrático de Direito com o Direito Penal, encarando aquele como meio de afirmação das garantias e direitos fundamentais elencados em nossa Carta Magna e, nesse sentido, proceder à citada compatibilização é também atentar para os fatores de ordem social que possam influenciar na prática de delitos, desde que tais fatores guardem conexão com a natureza do crime perpetrado.

No anseio de conectar o Direito Penal à realidade, é preciso analisar o cenário da prática de crimes não somente sob o ponto de vista normativo, convém, se quisermos realmente um Direito Penal mais justo, menos seletivo e mais humano analisar o crime como fato social que é, conjuntamente com a perspectiva da criminologia sociológica que busca conhecer a realidade para melhor compreendê-la e explicá-la, buscando visualizar o crime e não somente o crime, como o próprio autor do fato, o controle social e o processo de criminalização em todas as suas faces, infelizmente, não observadas pelo Direito Penal, valorativo e normativo, frequentemente aplicado com base na letra fria da lei.

É ilusão crer que o fenômeno criminal pode ser compreendido apenas a partir do Direito Penal, sem o aporte de outras ciências que possam não somente servir de coadjuvantes ou auxiliares, mas andar lado a lado na busca por romper com os paradigmas e preconceitos que o direito positivado carrega. O pensamento sociológico pode servir de norte para que o sistema penal, já tão deficiente, repressivo, rotulante e discriminatório, possa, quem sabe no futuro, ser capaz de reinserir na sociedade com o mínimo de dignidade o indivíduo que teve sua liberdade cerceada em decorrência da prática delituosa.

A partir da análise sociológica e criminológica do crime é possível alargar os horizontes do próprio Direito Penal, que se ressente dessa análise mais global, interdisciplinar e conjunta. Essa análise conjunta no que diz respeito ao estudo da culpabilidade se torna essencial, pois um sujeito não é culpável quando ele, na situação concreta em que se encontrava, não tinha como agir conforme a norma, se este se encontrava no momento da prática do delito em um estado de vulnerabilidade social que o influenciou sobremaneira para a prática do crime. É necessário que se observe o "entorno" do crime a partir de uma análise, conforme explicitado alhures, mais global e interdisciplinar.

E como comprobatório do exposto, corroboramos com o entendimento de que um breve olhar sobre as obras que versam sobre Criminologia comprova que este ramo das ciências criminais pouco trata do tema culpabilidade (FABRICIUS, 2009, p. 15).

Então, será a partir dessa percepção mais abrangente e interdisciplinar que analisaremos a teoria da responsabilidade social de Ferri, a teoria sociológica da anomia de Durkheim que enxergava o crime como um fato social, para posteriormente tecer considerações acerca da teoria criminológica da anomia de Merton, enfocando os pontos de congruência ou não entre estas teorias e a coculpabilidade.

5.1. TEORIA DA RESPONSABILIDADE SOCIAL DE ENRICO FERRI E COCULPABILIDADE: UM RETORNO AO DETERMINISMO?

Enrico Ferri, diferentemente de Lombroso (e sua concepção do criminoso nato), voltou sua análise para as ciências sociais, com uma compreensão mais ampla da criminalidade. Evitando o reducionismo antropológico, Ferri entendia que o fenômeno complexo da criminalidade decorria de fatores antropológicos, físicos e sociais. Dentro desse sistema de forças condicionantes é que criará uma nova classificação dos criminosos, ainda que dentro da perspectiva positivista. Contudo, em sua classificação preponderam os fatores sociais. Em sua classificação, Ferri visualiza cinco principais categorias de delinquentes: o nato, o louco, o habitual, o ocasional e o passional. O delinquente habitual preenche um perfil urbano: é a descrição daquele que nascido e crescido num ambiente de miséria moral e material começa, desde jovem, a praticar leves faltas em uma escalada obstinada no crime. Está condicionado por uma forte influência de circunstâncias ambientais, sem as quais não haveria atividade criminosa que impelisse o agente ao crime (SHECAIRA, 2011, p.113-114).

Ante o exposto, diversamente de Lombroso, que visualizava o crime como algo patológico, Ferri tem como diferencial a inclusão dos fatores sociológicos na análise do crime. Ferri entendia que o crime, por conseguinte, poderia ocorrer sob a influência não somente de causas antropológicas individuais, mas, também de causas de ordem social.

Foi criação de Ferri a chamada "Lei da Saturação Criminal", a qual preconiza que, da mesma forma que um determinado líquido a uma certa temperatura sofrerá a diluição de uma parte ou até do líquido todo, igualmente, em certas condições sociais serão praticados determinados tipos de crimes. Com base nessa "Lei da Saturação Criminal" e excluindo os fatores antropológicos individuais, ou seja, excluindo a parte da visão positivista de Ferri, pode-se inferir que o sujeito em condições econômicas desfavoráveis, com fome ou necessitando de algum medicamento de alto custo para si ou para alguém de sua família, pode ser impulsionado por essa vulnerabilidade social a cometer o crime de furto, por exemplo. Conforme entendimento de Ferri, o homem era uma verdadeira máquina dependente de fatores distintos e não podia eleger seus comportamentos; para ele, o livre-arbítrio era um mito, uma ficção abstrata que dava lugar a uma responsabilidade de natureza moral, sendo que o delito, por sua natureza objetiva, provocaria uma responsabilidade social (ELBERT, 1998, p.51).

Num viés sociológico, Ferri ampliou a tipificação lombrosiana da delinquência, fornecendo três causas etiológicas do crime, ou seja, causas individuais (orgânicas e psíquicas), causas físicas (ambiente telúrico) e causas sociais (ambiente social). Para ele o crime era resultado de fatores individuais, físicos e sociais. Segundo Ferri o crime era um fenômeno social, com uma dinâmica própria e etiologia específica, onde predominam os fatores sociais. Consequentemente, a luta e prevenção do crime deveria ocorrer mediante uma ação realista e científica dos poderes públicos, que deveriam se antecipar àquele, incidindo com eficácia nos fatores criminógenos que o produziam, nas mais diversas esferas (educativa, legislativa, familiar, entre outras), neutralizando tais fatores, pois a pena era ineficaz se não precedida e acompanhada das oportunas reformas econômicas e sociais (NUNES, 2012, p.48).

Não teceremos considerações aprofundadas acerca de todos os pontos relativos à teoria da responsabilidade social de Ferri; o propósito é de identificar as distinções entre esta teoria e a coculpabilidade, na medida em que a coculpabilidade é apontada como um reviver da Escola Positiva, mais especificamente das ideias de Ferri.

Entendemos que o ponto congruente entre a teoria da responsabilidade social de Ferri e a coculpabilidade é a inclusão de fatores de ordem social na análise do crime e não somente as causas meramente biológicas e/ou patológicas reinantes à época. Contudo, a semelhança para nesse ponto.

Na teoria da responsabilidade social de Ferri, quando se nega o livre-arbítrio, propõe-se um determinismo social do agente, ou seja, seu comportamento e suas condições fisiopsíquicas são influenciados pelo ambiente no qual se insere, a coculpabilidade propõe igualmente uma análise social do delito, no sentido de que o crime é um fato social. Dessa forma, na aplicação e na execução da pena essas condições devem ser observadas, mas, opostamente, não defende a coculpabilidade a adoção do determinismo; ela busca um meio-termo entre a questão do livre-arbítrio e o determinismo – a vontade do agente é livre, mas algumas vezes pode estar "contaminada", "viciada", pelas condições adversas em que vive. Convém ressaltar que enquanto a ideia de defesa social proposta pela Escola Positiva é fundamentada na ideia de defesa dos direitos do Estado, a coculpabilidade concentra-se na ideia oposta, na defesa dos direitos do homem em face do não cumprimento dos deveres constitucionalmente atribuídos ao Estado. A responsabilidade social está atrelada muito mais a questões de fundo do Direito Penal, como aplicação das normas jurídicas, capacidade penal, imputabilidade, entre outras – a coculpabilidade é direcionada à questão do limite e medida da pena (MOURA, 2006, p. 49-50).

Corroboramos com o entendimento mencionado de que na coculpabilidade a vontade é livre, mas esta pode estar influenciada ("viciada") pelo estado de vulnerabilidade social no qual o sujeito está inserido. Além disso, a coculpabilidade não proclama um retorno ao determinismo social, pois a pobreza não é a causa do cometimento de crimes. Não é porque o sujeito é pobre que ele irá praticar delitos; isso seria "etiquetar" o sujeito como criminoso, contudo, há aqueles sujeitos que, em uma situação de adversidade extrema não têm como agir conforme a norma e não delinquir. A vulnerabilidade social, nesses casos, funciona como uma mola propulsora à prática do crime.

5.2. TEORIA SOCIOLÓGICA DA ANOMIA DE ÉMILE DURKHEIM

Faz-se necessário o estudo da teoria sociológica da anomia de Durkheim para compreendermos com mais exatidão a teoria criminológica da anomia de Merton.

Émile Durkheim foi um dos pensadores que mais contribuiu para a consolidação da Sociologia como ciência empírica e para sua instauração no meio acadêmico. O sociólogo francês viveu numa Europa abalada por guerras e a caminho de modernização, e sua obra reflete a tensão entre valores e instituições que estavam desgastados e outras que estavam em desenvolvimento, cujo perfil ainda não se encontrava totalmente configurado. Entre os pressupostos constitutivos da atmosfera intelectual da qual se impregnaria a teoria sociológica durkheimiana, cabe salientar a crença de que a humanidade avança no sentido de seu gradual aperfeiçoamento, governada por uma força inexorável que seria a lei do progresso (QUINTANEIRO, 2002, p.60).

Toda a produção intelectual de Durkheim é influenciada pelas profundas transformações que o processo de industrialização do final do século XVIII ocasionou nas sociedades europeias, especialmente a rápida ascensão das populações urbanas e a crescente especialização do trabalho. Explicar as novas formas sociais que se desenvolviam, no que se refere aos mecanismos que mantinham a sociedade unida e coerente foi o que impulsionou o sociólogo francês (NASCIMENTO, 2011, p.17).

Um dos pontos importantes da obra de Durkheim foi a elaboração do conceito de solidariedade social, tendo como base a existência de uma maior ou menor divisão do trabalho, a qual dependia do modelo de organização social. Para o mencionado autor há duas espécies de solidariedade social e duas consciências: uma contém somente estados que são pessoais a cada um de nós e nos caracterizam, ao passo que os estados que a outra compreende são comuns a toda a sociedade. A primeira representa apenas nossa personalidade individual e a constitui; a segunda representa o tipo coletivo e, por conseguinte, a sociedade sem a qual ele não existiria. Quando é um dos elementos desta última que determina nossa conduta, não agimos tendo em vista o nosso interesse pessoal, mas perseguimos finalidades coletivas. Embora distintas essas duas consciências são relacionadas uma com a outra, pois, em suma, elas constituem uma só coisa, tendo para as duas um só e mesmo substrato orgânico – são, portanto, solidárias, daí resulta uma solidariedade *sui generis* que, nascida das semelhanças, vincula diretamente o indivíduo à sociedade; é a solidariedade mecânica (DURKHEIM, 1999, p.79).

Existiria também uma solidariedade orgânica na qual os indivíduos não mais são agrupados segundo suas relações de descendência, mas de acordo com a natureza particular da atividade social a que se consagram, seu meio natural e necessário não é mais o meio natal, mas o meio profissional; não é mais a consanguinidade, real ou fictícia, que assinala a posição de cada um, mas a função que ele desempenha, portanto, haveria uma divisão mais estruturada e complexa da divisão de trabalho (DURKHEIM, 1999, p.165-166).

A forma anômica da divisão do trabalho social consistia na ausência de um corpo de regras governando as relações entre as funções sociais, podendo ser detectada nas crises industriais e comerciais existentes no conflito entre capital e trabalho, decorrente do rápido crescimento industrial, de tal maneira que os conflitos não puderam ser absorvidos pelo corpo social (SHECAIRA, 2011, p. 228).

Do exposto, depreende-se que a solidariedade mecânica estaria presente nas sociedades primitivas, onde haveria uma maior solidariedade, pois nascida das semelhanças, conforme entendimento já exposto de Durkheim, e que vincula diretamente o indivíduo à sociedade. Já nas sociedades contemporâneas haveria a solidariedade orgânica em decorrência da existência de uma divisão mais complexa do trabalho.

Sob o ponto de vista criminológico, que é o nosso principal foco nesse momento, o entendimento de Durkheim é o de que o crime seria não um fato anormal e patológico, mas um fato social normal e útil dentro de certos limites. Afirma Zaffaroni que o "giro copernicano" dado por Durkheim se fundamenta no entendimento de que o delito não é um fenômeno patológico na sociedade, mas que se trata de algo natural ou necessário, que provoca uma reação que tem por função reforçar o sentimento coletivo e, portanto, o desenvolvimento ético da sociedade. Na concepção de Durkheim, o delito não é mais considerado como um fenômeno negativo, "infeccioso" ou indesejável, mas algo positivo, cuja diminuição abaixo de certos limites seria um indício de patologia social. Na medida em que resultaria de um indicador do enfraquecimento do sentimento de solidariedade social, o delito passava a ser um elemento funcional da sociedade industrial. (ZAFFARONI, 1988, p.181).

Segundo entendimento de Durkheim, o crime é normal porque uma sociedade que dele estivesse isenta seria inteiramente impossível. O crime consiste em um ato que ofende sentimentos coletivos dotados de uma energia e de uma clareza particulares. Para que numa dada sociedade os atos considerados criminosos pudessem deixar de ser cometidos, seria necessário que os sentimentos que eles ferem se verificassem em todas as consciências individuais e com grau de força suficiente para reprimir os sentimentos contrários. Supondo que tal condição pudesse realmente ser posta em prática, nem por isso o crime desapareceria; ele simplesmente mudaria de forma, pois a mesma causa que esgotaria assim as fontes da criminalidade daria margem rapidamente ao surgimento de outras novas causas (DURKHEIM, 2007, p.68). Para Durkheim, além de ser um fato social, o crime enquanto prática ofende sobremaneira o que ele chama de consciência coletiva.

Consciência coletiva ou comum, conforme definiu Durkheim, é o conjunto de crenças e sentimentos comuns à média dos membros de uma sociedade. Ela não tem por fundamento um órgão único; é uma definição difusa em toda a extensão da sociedade, mas, ainda assim, tem características específicas que fazem dela uma realidade distinta. Na verdade, a consciência coletiva é independente das condições particulares em que os indivíduos se encontram. A consciência coletiva, portanto, é a mesma independentemente do local onde os sujeitos vivem ou da atividade profissional que exercem. É o tipo psíquico da sociedade, tipo que possui suas propriedades, condições de existência, seu modo de desenvolvimento, da mesma forma que os tipos individuais, entretanto, de maneira diversa. Podemos dizer, portanto, que um ato é criminoso quando ofende os estados fortes e definidos da consciência coletiva (DURKHEIM, 1999, p.50-51).

A anomia ocorre quando os sistemas sociais não são efetivos no tocante à regulação da sociedade, quando ocorre a falta de coesão social. A anomia, portanto, é a ausência das normas sociais. A anomia é a desintegração das normas sociais, podendo ser resumida em face da diversidade de sentidos que o termo contempla. Há três diferentes ideias que são relevantes, a primeira é a situação existente de transgressão das normas por quem pratica ilegalidades (seria o caso do delinquente); a existência de um conflito de normas claras que tornaria difícil a adequação do indivíduo aos padrões sociais; e a última delas é a existência de um movimento contestatório que revela a inexistência de normas que vinculem as pessoas num contexto social. Seja qual for a acepção levada em consideração, o ponto nuclear da questão será a ausência de normas sociais de referência que acarreta um rompimento com os padrões sociais de conduta, gerando, por conseguinte, uma situação de pouca coesão social (SHECAIRA, 2011, p.228-229).

É importante ressaltar que a teoria da anomia se encaixa no conjunto das chamadas teorias funcionalistas, as quais entendem que cada ponto da sociedade forma um todo orgânico dotado de estabilidade e coesão. Durkheim compara a sociedade ao funcionamento do corpo humano – para que este seja saudável, é necessário que todos os órgãos funcionem. Na sociedade ocorre o mesmo: para que esta funcione, ela precisa ter coesão. Além disso, as estruturas e funções sociais não são estanques entre si, pois precisam atuar em conjunto para que funcionem e consequentemente assegurarem a coesão social.

A teoria funcionalista é uma das principais teorias da Sociologia moderna, sendo uma teoria macrossociológica que procura examinar a sociedade como um todo, como um complexo sistema de vida constituído a partir de relações entre pessoas e grupos. Para os funcionalistas, as funções sociais são atividades das estruturas sociais dentro do processo de manutenção do sistema, e as disfunções são atividades que se opõem ao funcionamento do sistema social. Toda mudança social radical é uma disfunção, uma falha do sistema, que não consegue mais integrar as pessoas em suas finalidades e valores (SABADELL, 2002, p.75-76).

Apesar do mérito de ter rompido com o então denominado positivismo biológico que concebia o crime como algo anormal e patológico, a concepção durkheimiana não ficou imune às críticas. É relevante destacar que sua produção não saiu do paradigma etiológico, cujo ponto de partida teórico é a aceitação da criminalização como um dado incontestável da realidade social. Em outra vertente, ainda que o sociólogo francês tenha destacado o caráter mutável da lei penal no tempo, sua reflexão é marcadamente desprovida de perspectiva histórica, o panorama desenhado por Durkheim permite somente dois cortes históricos: as sociedades primitivas e as sociedades modernas (NASCIMENTO, 2011, p.24).

Outro ponto merecedor de crítica reside no fato de que como Durkheim era um "antropólogo de escritório", portanto, produto da cultura urbana francesa, nesse sentido, compartilhava de muitos dos preconceitos europeus, dando por certo que nas sociedades colonizadas todos os indivíduos são iguais (ZAFFARONI, 1988, p.182).

A teoria sociológica da anomia de Durkheim serviu de ponto de partida e fundamento para a concepção de Robert Merton e sua teoria criminológica da anomia, então, após essas breves, mas relevantes e necessárias considerações acerca do pensamento de Durkheim, o que contribuirá para um melhor entendimento da teoria criminológica de Merton, seguiremos analisando a mencionada teoria e seus pontos de encontro com a coculpabilidade a partir de um prisma criminológico no próximo tópico.

5.3. TEORIA CRIMINOLÓGICA DA ANOMIA DE ROBERT MERTON

Robert Merton, assim como Durkheim, se posicionou contra o entendimento da concepção positivista que entendia o crime como sendo uma patologia, como uma anormalidade. Com arrimo na concepção durkheimiana sobre a anomia, a partir da análise das estruturas sociais, Merton reformulou tal concepção e, no intento de explicar o comportamento desviante, a transmudou em uma teoria criminológica.

Convém enfatizar desde já que o conceito de anomia proposto por Merton difere do proposto por Durkheim. Para o primeiro a anomia seria a tensão que surge entre o acesso aos fins propostos pela sociedade, ou seja, os objetivos culturais e os meios institucionais que a mesma disponibiliza para que o cidadão atinja esses fins. Para Durkheim, a anomia seria uma crise de normas e valores que atinge a consciência coletiva em determinados momentos de crise ou expansão econômica (MOURA, 2006, p.51).

Em 1938, Robert Merton publicou o artigo intitulado "Social Structure and Anomie", o qual representa o início de sua trajetória de construção teórica, daí por diante continuadamente enriquecida e revista a partir das contribuições e sugestões de seus críticos e colaboradores, o que incentivou o autor a reconhecer o papel e a introduzir o conceito de "vulnerabilidade diferencial" às formas anômicas, bem como a admitir variáveis importantes, como a das de índole subcultural e das que se relacionam com as chamadas oportunidades ilegítimas (FERRO, 2004, p. 22).

A teoria sociológica funcionalista que Merton aplica ao estudo da anomia possibilita interpretar o desvio como fruto da estrutura social, absolutamente normal como o comportamento conforme às regras. Isso significa que a estrutura social não tem somente um efeito repressivo, mas também um efeito estimulante sobre o comportamento individual. Os mecanismos de transmissão entre a estrutura social e as motivações do comportamento conforme e do comportamento desviante são da mesma natureza. Observando a situação em que se encontram os indivíduos no contexto da estrutura social, se verifica que seus comportamentos singulares são tanto conformistas como desviantes (BARATTA, 2011, p.62).

Sob a óptica de Merton, o desvio é encarado como normal, sendo um resultado da estrutura social. O cerne da construção teórica de Merton reside nas ligações existentes entre as estruturas social e cultural e o modo como os indivíduos reagem em face das tensões entre ambas as estruturas.

No tocante aos elementos da estrutura cultural, dois deles merecem atenção. Um fixa as metas (os objetivos culturais) propostas aos membros de uma determinada sociedade, as quais se apresentam como motivações fundamentais do comportamento destes, direcionadas, por exemplo, para a consecução do bem-estar, sucesso econômico ou poder. O outro se encarrega de propiciar modelos de comportamento institucionalizados, indicando os meios legítimos e socialmente aprovados da busca orientada para a obtenção das ditas metas, que são as normas institucionalizadas (FERRO, 2004, p.36-37).

A estrutura social não permite, na mesma proporção, a todos os membros da sociedade, um comportamento ao mesmo tempo conforme os valores e às normas. Essa possibilidade é variável consoante a posição que os indivíduos ocupam na sociedade. Tal fato gera uma tensão entre a estrutura social e os valores culturais e, consequentemente, diversos tipos fundamentais de respostas individuais, conformistas ou desviantes. Essas respostas, portanto, variam conforme a anuência ou não em relação aos valores e normas sociais. Deriva daí o que Merton denomina de adequação individual. Os cinco modelos de adequação individual seriam a conformidade, a inovação, o ritualismo, a apatia e a rebelião. O modelo de adequação individual da conformidade corresponde à resposta positiva, tanto aos fins quanto aos meios institucionais. A inovação corresponde à adesão aos fins culturais, sem o respeito aos meios institucionais. O ritualismo corresponde ao respeito somente formal aos meios institucionais, sem a persecução dos fins culturais. Já a apatia constitui a negação tanto dos fins culturais quanto os meios institucionais. Por fim, a rebelião corresponde não à simples negação dos fins e meios institucionais, mas à afirmação substitutiva de fins alternativos, mediante meios alternativos (BARATTA, 2011, p.63-64).

O comportamento criminoso corresponde ao modelo da inovação. Segundo Merton, a grande ênfase cultural sobre a meta de êxito estimula esse modo de adaptação a partir de meios institucionalmente proibidos – mas frequentemente eficientes – de atingir pelo menos o simulacro do sucesso, da riqueza e do poder. Tal reação ocorre quando o indivíduo assimilou a ênfase cultural sobre o alvo a alcançar sem ao mesmo tempo absorver igualmente as normas institucionais que governam os meios e processos para seu atingimento (MERTON, 1970, p.214).

Em outras palavras, a inovação é o modelo de adequação individual no qual os meios ilegítimos são utilizados para serem atingidos os objetivos culturais. Dentro da estrutura social, quais seriam as peculiaridades que levariam em direção a esse tipo de adaptação, produzindo de forma mais frequente um comportamento desviante em uma camada social mais do que em outra?

Segundo entendimento de Merton, quaisquer que sejam as proporções diferenciais do comportamento desviado nos diversos estratos sociais, as maiores pressões para o comportamento transviado são exercidas principalmente sobre as camadas inferiores. Diversas pesquisas têm mostrado que as áreas especializadas de vícios e crimes constituem uma reação "normal" contra uma situação em que a ênfase cultural sobre o sucesso pecuniário tem sido assimilada, mas onde há pouco acesso aos meios convencionais e legítimos para que uma pessoa seja bem sucedida na vida (MERTON, 1970, p.218).

Assim, o cometimento do crime decorre da pressão da estrutura cultural e das contradições desta com a estrutura social, a anomia fomentadora da criminalidade advém da ruptura na estrutura cultural, especialmente de uma bifurcação aguda entre as normas e os objetivos culturais e as capacidades socialmente estruturadas dos membros do grupo de agirem conforme essas normas e objetivos (SHECAIRA, 2011, p. 237).

A cultura, salienta Merton, impõe a aceitação de três axiomas culturais. Primeiramente, todos devem esforçar-se para atingir os mesmos elevados objetivos, já que estão à disposição de todos; segundo, o aparente fracasso momentâneo é somente uma estação no caminho do sucesso final; e terceiro, o fracasso consiste apenas na diminuição ou retirada da ambição. O três axiomas representam, primeiramente, o desvio da crítica da estrutura social para a crítica do próprio indivíduo, colocado entre aqueles situados de tal forma na sociedade, que não têm total e igual acesso à oportunidade; segundo, a preservação de uma estrutura do poder social, pela identificação dos indivíduos dos estratos sociais inferiores, não com seus pares, mas com aqueles que estão em um degrau mais alto; e terceiro, a atuação de pressões favoráveis à conformidade com os ditames culturais de ambição irreprimível, mediante a ameaça, para aqueles que não se acomodam aos referidos ditames, de não serem considerados plenamente pertencentes à sociedade (MERTON, 1970, p.211-212).

Na sociedade atual, baseada na busca do sucesso e do poder, na qual o que vale é o "ter" em detrimento do "ser", ou seja, quando a própria sociedade sublinha a relevância de certas metas, sem oferecer a todos iguais oportunidades para atingi-las por meios legítimos, muitas vezes nos deparamos com situações anômicas, o que propicia o comportamento "inovador" e, consequentemente, o aumento dos comportamentos desviantes, justamente pelo fato de não conseguirem todos, especialmente os indivíduos das classes menos favorecidas, atingirem as metas, como por exemplo, ganhar dinheiro ou ostentar uma vida luxuosa.

Ao analisar a estrutura social e cultural norte-americana Merton assim se pronuncia, *in verbis*:

> A cultura norte-americana contemporânea parece aproximar-se do tipo polar em que ocorre grande ênfase sobre objetivos de êxito sem a ênfase equivalente sobre os meios institucionais. Evidentemente seria irreal asseverar que a riqueza acumulada permanece sozinha como um símbolo do sucesso, assim como seria irreal negar que os norte-americanos lhe atribuem um lugar saliente em sua escala de valores. Em grande parte, o dinheiro tem sido consagrado como um valor em si mesmo, além e acima de seu gasto

a troco de artigos de consumo ou de seu uso para o aumento do poder. O "dinheiro" é peculiarmente bem adaptado a tornar-se um símbolo de prestígio (MERTON, 1970, p.208-209).

Transpondo para a realidade brasileira, não sentimos dificuldades em enxergar a forma como a anomia (ou essa pressão anômica) se manifesta. Vivemos em um país onde as desigualdades sociais podem ser percebidas nitidamente, existindo locais afastados das grandes cidades e até mesmo nas grandes cidades em que há pessoas vivendo, ou melhor, tentando sobreviver na extrema pobreza. Exigir dessas pessoas, em determinadas situações, um comportamento conforme a norma, já que estão submetidas a essa pressão anômica, é desconsiderar a realidade, pois, muitas vezes, é a sua situação de vulnerabilidade social, de extrema pobreza, que as impulsionam a adotar um comportamento desviante.

A partir da concepção de Merton está explícito o motivo pelo qual os sujeitos vulneráveis do ponto de vista social ou os sujeitos pertencentes às classes menos abastadas passam a cometer delitos. Há uma grande ênfase sobre os objetivos de sucesso e de poder econômico sem, contudo, ser ofertada a mesma ênfase em relação aos meios legítimos ou institucionalizados para obtenção de tais objetivos.

Conforme o entendimento de Merton, a anomia é uma ruptura na estrutura social, que ocorre principalmente quando há tensão entre as normas e metas culturais e as capacidades socialmente estruturadas dos membros do grupo em agir conforme as normas. O autor também destaca que muitos indivíduos não conseguem atingir as metas culturais por não terem iguais oportunidades dentro da sociedade. A partir desse ponto podemos extrair da concepção mertoniana e transportar para nossa realidade que a ausência de iguais oportunidades para todos resulta do não cumprimento dos direitos sociais previstos constitucionalmente, ou seja, resulta da omissão, negligência e/ou inadimplemento estatal no tocante à efetivação de tais direitos.

A teoria estrutural-funcionalista da criminalidade, que teve como um de seus méritos principais romper com o positivismo biológico, também foi alvo de críticas. No entanto, o importante é salientarmos que a teoria criminológica da anomia teve um papel de fundamental importância ao sublinhar que a ausência de oportunidades pode possibilitar ou até mesmo precipitar a prática de crimes, ou seja, o não atingimento das metas culturais em decorrência da insuficiência de iguais oportunidade ou dos meios para atingir tais metas para todos os membros da sociedade pode acarretar o comportamento desviante.

A estrutura social pressiona os valores culturais, tornando possível e fácil aos indivíduos que ocupam determinadas posições sociais dentro da sociedade a agirem conforme os citados valores e impossível para os outros indivíduos. A estrutura social age como barreira ou como porta aberta para o desempenho dos mandatos culturais. Quando a estrutura social e estrutura cultural não estão bem integradas, a primeira exigindo um comportamento que a outra dificulta, há uma tensão rumo ao rompimento das normas ou ao seu completo desprezo (MERTON, 1970, p.237). Essa tensão rumo ao rompimento das normas ou ao seu completo abandono dá margem então ao comportamento desviante ou criminoso.

Esse comportamento é baseado na normalidade do uso dos meios ilegítimos e a diminuição da consciência da ilicitude. A normalidade do uso dos meios ilegítimos refere-se ao fato de que há uma completa subversão de valores, na qual o comportamento criminoso é praticado a todo momento, passando a ser o comportamento não reprovado, pelo menos dentro daquela classe ou ambiente, o que gera nas pessoas uma vontade viciada, pois estas internalizam a necessidade de atingir os objetivos culturais seja de que forma for, porém, não possuem meios legítimos para tal, e, por conseguinte, os meios considerados ilegítimos para a sociedade passam a ser legítimos para o grupo. A coculpabilidade é a tentativa de reconhecer e abrandar a maior pressão que surge sobre as classes sociais menos favorecidas. Pode ser considerada, portanto, como o consequente reconhecimento legal da teoria criminológica de Merton (MOURA, 2006, p.53-54).

Em síntese, analisando sob a égide da teoria criminológica de Merton, concluímos que, frequentemente, para que os sujeitos que estão em situação de vulnerabilidade social atinjam as metas culturais, são utilizados meios não institucionalizados ou meios ilegítimos para atingir tais metas ou objetivos culturais, ocorrendo então a situação de anomia. Nesse sentido, a coculpabilidade seria um instrumento para contornar ou atenuar a tensão sofrida pelas classes menos favorecidas, já que não é plausível reprovar com o mesmo ímpeto ou com a mesma intensidade pessoas que, inseridas em um estado de vulnerabilidade social intenso – portanto, em uma situação de motivabilidade anormal –, não tinham como agir conforme a norma.

Em relação à coculpabilidade e à diminuição da consciência da ilicitude, o importante para o juízo de culpabilidade é que o agente conheça ou possa conhecer a relação de contrariedade entre o ato e a vontade da ordem jurídica. Não se faz necessário que o agente conheça o artigo de lei que descreve a conduta criminosa; para que ele possua a consciência da ilicitude é preciso que ele consiga perceber o desvalor jurídico do comportamento, a contrariedade da conduta à ordem jurídica.

É relevante salientar, nesse ponto, a distinção entre a ignorância da lei e a ausência de consciência da ilicitude. Ignorar a lei é não conhecer o dispositivo legal violado e a ausência de conhecimento da ilicitude, conforme já exposto, é o desconhecimento do desvalor que o Direito confere a um comportamento específico. Conforme estabelece o artigo 21 do Código Penal pátrio, o desconhecimento da lei é inescusável, podendo, contudo, atenuar a pena (artigo 65, II do Código Penal).

Em um país no qual o acesso à educação fundamental é restrito, no qual existem milhares de pessoas que sequer sabem ler e escrever e com uma crescente inflação legislativa, em um país no qual cada vez mais são criados novos tipos penais, existindo uma profusão muito grande de dispositivos legais, obviamente que há também pessoas que desconhecem a lei, sendo rotineiros os casos de ignorância da lei, ou seja, desconhecem que seu comportamento desviado esteja tipificado em um determinado artigo do Código Penal ou em uma lei penal especial, por exemplo. Todavia, apesar do desconhecimento da lei, sabem do desvalor do comportamento praticado, ou segundo a concepção anômica aqui explicitada, sabem que utilizaram dos meios ilegítimos para a satisfação dos objetivos ou metas culturais.

Não é suficiente à consciência da ilicitude que o agente conheça a lei; é necessário que ele perceba, na situação concreta, a relação de contrariedade do seu comportamento e a vontade da ordem jurídica. Assim, embora o agente conheça a lei, pode entender que a mesma não seja aplicável ao caso concreto (BRODT, 1996, p.55).

Consequentemente, sendo a potencial consciência da ilicitude um dos elementos da culpabilidade, sendo esta o limite e medida da pena e sendo que o desconhecimento da lei não escusa, apesar de poder atenuar a culpabilidade, nada mais correto do que considerar e reconhecer a coculpabilidade como instrumento de diminuição da reprovação penal em virtude do não acesso aos meios institucionais, sobretudo, o não acesso ao Direito. Nítida, portanto, é a ligação entre a teoria da anomia ou *strain theory* de Robert Merton e a coculpabilidade, podendo, por conseguinte, a teoria da anomia servir como fundamento teórico válido para a coculpabilidade, ressalvadas as críticas feitas à teoria de Merton (MOURA, 2006, p.56).

A coculpabilidade diz respeito à situação de vulnerabilidade social do sujeito, a qual engloba não somente o ponto de vista econômico, como também o baixo grau de instrução ou escolaridade do agente. A coculpabilidade, portanto, pode atenuar a pena quando o sujeito desconhece a lei ou não possui a potencial consciência da ilicitude, não compreende o liame entre o ato que praticou e o fato tipificado na lei como crime, em decorrência também do baixo grau de instrução conforme será explicitado no próximo tópico.

6. A COCULPABILIDADE COMO FATOR SUPRALEGAL DE ATENUAÇÃO DA PENA - POSIÇÃO DOUTRINÁRIA MAJORITÁRIA E POSSÍVEIS FORMAS DE POSITIVAÇÃO NO DIREITO PENAL BRASILEIRO

A coculpabilidade não é positivada de forma expressa no ordenamento jurídico penal brasileiro, sendo considerada pela maioria da doutrina como uma circunstância atenuante genérica supralegal constante no artigo 66 do Código Penal, que estabelece que a pena poderá ser atenuada em razão de circunstância relevante, anterior ou posterior ao crime, embora não prevista expressamente em lei.

A posição doutrinária majoritária vislumbra, portanto, no referido dispositivo legal um fator supralegal de atenuação no momento da fixação da pena, no qual pode ser encaixada a coculpabilidade.

> Apesar de não estar prevista no rol das circunstâncias atenuantes do artigo 65 do Código Penal brasileiro, a norma do artigo 66 (atenuantes inominadas) **possibilita a recepção da coculpabilidade**, pois demonstra o caráter não taxativo das normas de atenuação. **O Código Penal ao permitir a diminuição da pena em razão de circunstância relevante anterior ou posterior ao crime, embora não prevista em lei, já fornece um mecanismo para a implementação deste instrumento de igualização e justiça social.** (CARVALHO; CARVALHO, 2002, p.74-75, grifo nosso).

Apesar de a doutrina majoritária entender que a coculpabilidade pode ser considerada uma circunstância atenuante genérica supralegal constante do artigo 66 do Código Penal, a circunstância relevante a qual faz referência o citado dispositivo legal pode ser **qualquer circunstância**, embora **não prevista legalmente**, **anterior ou posterior ao crime**, não fazendo referência de **forma específica** à coculpabilidade. Em outros termos, a coculpabilidade pode ser encaixada no citado artigo, contudo, não se refere de forma específica à vulnerabilidade social, podendo englobar outros tipos de vulnerabilidades, como, por exemplo, a vulnerabilidade psíquica, a qual também, conforme já ressaltado, pode impulsionar o sujeito à prática do delito.

O anteprojeto de Código Penal (Projeto de lei n°. 3.473/2000) que estava em tramitação antes do atual anteprojeto (Projeto de lei do Senado n°. 236 de 2012), previa expressamente a coculpabilidade como circunstância judicial constante do artigo 59 do Código Penal, o qual estabelecia que **deveriam ser consideradas, no momento da aplicação da pena, as oportunidades sociais oferecidas ao agente**.

Infelizmente, o atual Projeto de lei do Senado n°. 236 (2012) perdeu a oportunidade de não somente positivar de forma expressa a coculpabilidade, como não fez nenhuma referência ao tema, gerando, pois, um verdadeiro (e inconcebível) retrocesso, já que o Projeto de lei n°. 3.473/2000 abria as portas em direção à positivação expressa da coculpabilidade no ordenamento jurídico-penal pátrio.

O artigo 187 do Código de Processo Penal, em seu parágrafo 1°, quando trata do interrogatório do acusado, estabelece que o interrogatório será constituído de duas partes, sobre a pessoa do acusado e sobre os fatos, sendo que na primeira parte o interrogado será indagado sobre a residência, **meios de vida ou profissão, oportunidades sociais**, lugar onde exerce sua atividade, vida pregressa, se foi preso ou processado alguma vez e, em caso afirmativo, qual o juízo do processo, se houve suspensão condicional ou condenação, qual a pena imposta, se a cumpriu e outros dados familiares e sociais.

Relativamente ao artigo supracitado, sustenta Grégore Moura que a efetivação da coculpabilidade também pode ser feita por meio do processo penal, principalmente no tocante à prova das condições socioeconômicas do agente. Nesse contexto, o legislador brasileiro, não muito habituado a utilizar as regras de técnica legislativa, adiantou-se no reconhecimento da coculpabilidade, já que a reconheceu no Direito Processual Penal, porém, não fez o mesmo em relação ao Direito Penal (MOURA, 2006, p.93).

Em que pese o entendimento do autor citado, não concordamos que o legislador brasileiro positivou ou reconheceu a coculpabilidade de forma expressa, pois, apesar de vigorar o princípio da identidade física do juiz também no processo penal nos moldes do artigo 399, parágrafo segundo do Código de Processo Penal, o princípio da identidade física do juiz não vigora de forma absoluta – pode ocorrer a situação de, por exemplo, o juiz que presidiu a instrução se aposentar e não ser o juiz sentenciante, consequentemente não levar em consideração as informações prestadas no interrogatório em sua sentença. Além disso, o artigo 187, parágrafo 1º do Código de Processo Penal não estabelece a obrigatoriedade da consideração da vulnerabilidade social do sujeito no momento da fixação da pena.

Nesse sentido, é necessária a positivação da coculpabilidade no Código Penal, não bastando a aferição ou prova das condições socioeconômicas do agente no momento do interrogatório, deixando ao arbítrio do juiz aplicar ou não a coculpabilidade quando da individualização da pena. A positivação expressa no Código Penal permite que, preenchidos os requisitos para que seja aplicada a coculpabilidade, sua aplicação deixe de ser uma discricionariedade ou uma mera faculdade do juiz, para se tornar um direito público subjetivo do réu.

A atenuante da coculpabilidade não pode ficar restrita apenas à situação econômica do imputado, já que esta é apenas uma das variáveis que integram o dever de prestação estatal no Estado Social de Direito. Simultaneamente à valoração da situação econômica, devem ser avaliadas também as condições de formação intelectual do réu, visto que esta relação é essencial para a análise do grau de autodeterminação do sujeito. Tais circunstâncias são constatáveis empiricamente no processo, isto é, são passíveis de refutação, objetivando a avaliação e diminuindo o arbítrio, contudo, não direcionam a culpabilidade a um juízo sobre o ser do autor. Convém salientar que não há a revivificação de um modelo penal de autor, mas uma otimização do Direito Penal do fato (CARVALHO; CARVALHO, 2002, p.75).

A lei 9.605, de 12 de fevereiro de 1998, que dispõe sobre as sanções penais e administrativas derivadas de condutas e atividades lesivas ao meio ambiente e dá outras providências, estabelece em seu artigo 14, inciso I, que são circunstâncias que atenuam a pena, entre outras, o baixo grau de instrução ou escolaridade do agente.

Visualizamos nesse dispositivo legal um caso de incidência da coculpabilidade, já que, de forma mais ampla, a vulnerabilidade social ou as condições sociais adversas engloba não somente condições econômicas desfavoráveis, mas também o baixo grau de instrução ou escolaridade não havendo, portanto, empecilhos em admitir que a referida lei encartou, ainda que de forma não específica, pelo menos a ideia trazida pela coculpabilidade como circunstância legal de atenuação da pena.

A primeira dificuldade seria exposta a partir da indagação de se a norma em apreço teria ou não aplicabilidade restritiva aos crimes ambientais ou se seria permitida de forma extensiva para outras espécies de condutas ilícitas. *Mister* lembrar que é plenamente admissível, na estrutura do Direito Penal de garantias, a utilização da analogia, desde que não seja para prejudicar o réu. Além disso, a regra do artigo 66 do Código Penal pátrio é clara e isenta de dúvidas, permitindo a inclusão como atenuante não somente o baixo grau de instrução ou escolaridade, como também condições econômicas adversas. O grau de instrução e a posição social do agente podem ser avaliados na aplicação da pena-base, como circunstâncias judiciais e/ou elementos valorativos da culpabilidade. Entretanto, como tem sido explicitado pela dogmática penal, no caso de concurso, não aparente, mas real, de circunstâncias, no caso judicial (culpabilidade) e legal (coculpabilidade), deve esta prevalecer sobre aquela, incidindo sempre no momento posterior (segunda fase da dosimetria), tendo em vista o efeito na pena definitiva (maior aumento ou maior diminuição) (CARVALHO; CARVALHO, 2002, p.77-78).

No tocante às possibilidades de inserção da coculpabilidade no Código Penal temos como possibilidades: incluí-la como circunstância judicial com previsão no artigo 59, que seria a proposta adotada pelo antigo anteprojeto de reforma do Código Penal (Projeto de lei nº. 3.473/2000); incluí-la como atenuante presente no artigo 65 do Código Penal; incluí-la como causa de diminuição de pena prevista na parte geral do Código Penal ou ainda, considerá-la como uma causa legal de exclusão da culpabilidade.

Quanto à inclusão da coculpabilidade como circunstância judicial prevista no artigo 59 do Código Penal, para aferir a viabilidade de tal forma de positivação, temos que analisar a possibilidade de o juiz fixar a pena-base no mínimo legal. Caso fixe a pena base já no mínimo legal, restará esvaziada a aplicação da coculpabilidade, pois há entendimento de que nessa primeira fase da aplicação da pena, esta não pode ser fixada abaixo do mínimo legal.

O juiz atendendo às circunstâncias judiciais arroladas no artigo 59, *caput* do Código Penal estabelecerá entre outros elementos, a quantidade de pena aplicável, **dentro dos limites previstos, observando as margens legais abstratamente impostas (pena-base).** (PRADO, 2011, p.730, grifo nosso).

A segunda hipótese de positivação da coculpabilidade seria sua inserção no artigo 65 do Código Penal (que trata das atenuantes), o que poderia ser efetivado com a previsão de mais uma alínea no inciso III do referido artigo. Ressalta Grégore Moura que é uma proposta mais audaciosa, pois a previsão expressa da coculpabilidade como atenuante reforçaria a necessidade de sua aplicação, bem como limitaria o poder de liberdade e interpretação do magistrado. (MOURA, 2006, p.94).

Quanto à possibilidade de a coculpabilidade ser considerada uma circunstância atenuante prevista no artigo 65 do Código Penal, há entendimento sumulado do Superior Tribunal de Justiça (STJ), consubstanciado no enunciado da Súmula 231, a qual estabelece que a existência de circunstância atenuante não pode conduzir à redução da pena abaixo do mínimo legal. Com base na citada súmula seria inviável a positivação da coculpabilidade como atenuante legal caso a pena-base tenha sido fixada no mínimo legal.

Em sentido contrário, existe o entendimento de Paulo Queiroz enfatizando que apesar de parte da doutrina e jurisprudência entender não ser possível a aplicação da pena abaixo do mínimo legal por ofensa ao princípio da legalidade das penas, tal objeção não procede, porque não há aí nenhuma violação ao princípio da legalidade. Além disso, aplicar a pena justa, não importando se no mínimo legal, aquém ou além dele, é uma exigência de proporcionalidade, salientando que o compromisso fundamental do juiz garantista não é com a pena mínima, mas com a pena justa (QUEIROZ, 2008a, p.324).

> [...] deixar de aplicar uma circunstância atenuante para não trazer a pena para aquém do mínimo cominado nega vigência ao disposto no artigo 65 do Código Penal, que **não condiciona a sua incidência a esse limite**, violando o direito público subjetivo do condenado à **pena justa, legal e individualizada**. Essa ilegalidade, deixando de aplicar norma de ordem pública, caracteriza uma inconstitucionalidade manifesta (BITENCOURT; GONÇALVES, 2022, p.5, grifo nosso).

Corroboramos com o entendimento de que **nada impede que a existência de circunstância atenuante possa conduzir a pena abaixo do mínimo legal**. Uma pena justa é uma pena que observa a medida da culpabilidade do agente e se a incidência de uma circunstância atenuante conduzir a pena a um patamar abaixo do estabelecido como mínimo legal, que tal atenuante possa sim ser aplicada, dessa forma, além de justa, será também uma pena digna em consonância não somente com o princípio da dignidade da pessoa humana como também do princípio da individualização da pena. Entretanto, enquanto a citada súmula do STJ ainda estiver em vigor e/ou não for revista ou rediscutida, não consideramos ser essa forma de positivação a forma mais efetiva para a incidência e positivação legal da coculpabilidade.

Acerca do tema, o Ministro Rogério Schietti, do STJ, já propôs a redis-cussão da Súmula 231, convocando uma audiência pública com o objetivo de ouvir entidades e especialistas interessados em discutir uma possível revisão do citado entendimento sumulado (STJ, 2023, p.1).

A terceira hipótese de positivação da coculpabilidade seria ainda mais corajosa e consistiria no acréscimo de um parágrafo ao artigo 29 do Código Penal, estabelecendo que se o agente estiver submetido a precárias condições culturais, econômicas e sociais, em um estado de hipossuficiência e miserabilidade, sua pena será diminuída de um terço a dois terços, desde que estas condições tenham influenciado e sejam compatíveis com o crime cometido (MOURA, 2006, p.94-95).

A outra possibilidade de positivação da coculpabilidade seria como causa legal de exclusão da culpabilidade. É a hipótese albergada pelo Código Penal da Colômbia (Lei 599 de 24 de julho de 2000) que estabelece em seu artigo 56 que aquele que realiza a conduta punível sob a influência de profundas situações de marginalidade, ignorância ou pobreza extremas, desde que haja influenciado na execução da conduta punível e não tenham o condão de excluir a responsabilidade, responderão pela pena não maior do que a metade do máximo nem menor do que sexta parte do mínimo da assinalada na respectiva disposição. Assim preceitua o referido dispositivo legal:

> El que realice la conducta punible bajo la influencia de profundas situaciones de marginalidad, ignorancia o pobreza extremas, en cuanto hayan influido directamente en la ejecución de la conducta punible y no tengan la entidad suficiente para excluir la responsabilidad, incurrirá en pena no mayor de la mitad del máximo, ni menor de la sexta parte del mínimo de la señalada en la respectiva disposición.

Ou seja, caso a situação de vulnerabilidade social não seja suficiente para a exclusão da culpabilidade, haverá uma atenuação da pena, podemos então concluir que a coculpabilidade no Código Penal colombiano foi elevada à causa legal de exclusão da culpabilidade.

Salientamos ainda que a coculpabilidade pode não somente ser encarada como uma circunstância atenuante genérica supralegal como é o entendimento da doutrina pátria majoritária, atribuindo, portanto, à coculpabilidade tal natureza jurídica, como também dependendo do caso concreto, dependendo do estado de vulnerabilidade social do agente, pode igualmente, **enquanto não expressamente positivada no Código Penal**, ser visualizada como uma **hipótese supralegal de exclusão da culpabilidade por inexigibilidade de conduta diversa**.

6.1. A CHAMADA "COCULPABILIDADE ÀS AVESSAS" E SUAS FORMAS DE MANIFESTAÇÃO

A coculpabilidade às avessas, como tem sido denominada, pode se manifestar sob o ponto de vista legal de três formas: tipificando condutas direcionadas às pessoas marginalizadas, aplicando penas mais brandas aos detentores do poder econômico e como fator de diminuição e também de aumento da reprovação social e penal (MOURA, 2006, p.44).

Não é nossa intenção fazer um estudo de Direito Comparado, contudo, utilizaremos como referencial o exemplo do Código Penal da Argentina (Lei 11.179/84), o qual adota expressamente a coculpabilidade para analisarmos a coculpabilidade às avessas concebida concomitantemente como fator de diminuição e também aumento da reprovação efetivada em relação às condutas delituosas dos sujeitos incluídos socialmente e dos vulneráveis sociais, respectivamente.

O artigo 40 do Código Penal argentino assim estabelece: "En las penas divisibles por razón de tiempo o de cantidad, los tribunales fijarán la condenación de acuerdo con las **circunstancias atenuantes o agravantes particulares a cada caso y de conformidad a las reglas del artículo siguiente**" (grifo nosso).O artigo 41, 2°, do referido Código Penal por seu turno, o qual o artigo 40 faz referência assim preceitua, *in verbis*:

> Artículo 41- *A los efectos del artículo anterior, se tendrá en cuenta:*
> 2°. La edad, **la educación, las costumbres y la conducta precedente del sujeto, la calidad de los motivos que lo determinaron a delinquir, especialmente la miseria o la dificultad de ganarse el sustento propio necesario y el de los suyos,** la participación que haya tomado en el hecho, las reincidencias en que hubiera incurrido y los demás antecedentes y condiciones personales, así como los vínculos personales, la calidad de las personas y las circunstancias de tiempo, lugar, modo y ocasión que demuestren su mayor o menor peligrosidad. El juez deberá tomar conocimiento directo y de visu del sujeto, de la víctima y de las circunstancias del hecho en la medida requerida para cada caso (grifo nosso).

Do exposto, e pela análise dos artigos acima transcritos, o Código Penal argentino concebe a coculpabilidade de forma expressa, contudo, a admite tanto para atenuar quanto para elevar a reprovação em relação à conduta do agente. O referido diploma legal, portanto, eleva a reprovação em relação à conduta dos sujeitos que cometem delitos, mas não são vulneráveis sob o ponto de vista social, pois são incluídos socialmente, tiveram acesso a uma boa educação ou pertencem a uma classe econômica com maior poder aquisitivo, e, portanto, tiveram acesso aos meios e às oportunidades de ter uma maior mobilidade social. Seria lógico pensar que os sujeitos que estão incluídos socialmente, justamente por terem tido acesso aos meios e às oportunidades que proporcionam uma maior ascensão social tenham a censurabilidade, a reprovabilidade de suas condutas elevada, enquanto que aqueles considerados vulneráveis sociais mereceriam uma menor reprovação pela conduta perpetrada.

Sob essa perspectiva, paira então uma dúvida: seria possível, então, adotar a coculpabilidade para elevar o juízo de censura, a reprovabilidade da conduta do agente que se encontra incluído socialmente? Nesses termos, é possível que a coculpabilidade seja utilizada concomitantemente tanto para aumentar quanto para atenuar a reprovabilidade da conduta do agente?

Há dispositivos legais que encampam a coculpabilidade às avessas, ou seja, a concepção da coculpabilidade para elevar a reprovabilidade da conduta daqueles que estão incluídos socialmente, por exemplo o já mencionado Código Penal argentino alberga tal ideia e em relação ao ordenamento jurídico pátrio também encontramos manifestações, ainda que de forma indireta, dessa concepção.

A título de exemplo podem ser citadas a Lei 8.078, datada de 11 de setembro de 1990, que instituiu o Código de Defesa do Consumidor, o qual dispõe sobre a proteção do consumidor que em seu artigo 76, inciso IV, alínea "a", do Título II, que trata das infrações penais, estabelece que são circunstâncias agravantes dos crimes tipificados no referido código os crimes cometidos por servidor público, ou por pessoa cuja **condição econômico-social** seja **manifestamente superior à vítima**. A lei 1.521 de 26 de dezembro de 1951, que dispõe sobre os crimes contra a economia popular em seu artigo 4º, parágrafo 2º, inciso IV, alínea "a", tem disposição similar à disposição constante no Código de Defesa do Consumidor.

Por conseguinte, não corroboramos com a adoção da coculpabilidade às avessas, ou seja, não aderimos ao entendimento de utilizar a coculpabilidade para aumentar a reprovabilidade da conduta dos que estão incluídos socialmente e ao mesmo tempo diminuir tal reprovabilidade em relação à conduta dos vulneráveis sociais. Conforme ressalta Grégore Moura, entendimento com o qual corroboramos, a reprovação para aqueles que estão incluídos socialmente já está devidamente prevista e limitada pelo ordenamento jurídico-penal, não necessitando de uma exacerbação na punição desses agentes, uma vez que a intervenção penal deve ser necessária e suficiente para proteger o bem jurídico sem insuficiências ou excessos. Além disso, a coculpabilidade como forma de agravação da reprovação social e penal irá de encontro às finalidades para as quais foi desenvolvida, resultando em uma extensão e revisão de seu conceito, assim como também de seus aspectos doutrinários e no seu completo desvirtuamento (MOURA, 2006, p.47-48).

A coculpabilidade às avessas, conforme salientado, pode também se manifestar por meio da aplicação de penas mais brandas para os indivíduos das classes privilegiadas, que será analisada posteriormente, como também mediante a tipificação de condutas direcionadas às classes consideradas "subalternas", que passaremos a analisar nesse momento.

A lei de contravenções penais (Decreto-lei nº. 3.688 de 3 de outubro de 1941), em seu revogado artigo 60, que estabelecia como contravenção penal a mendicância, felizmente revogado pela lei 11.983 de 2009, é um exemplo da adoção da coculpabilidade às avessas no ordenamento penal pátrio. Tal dispositivo legal tinha como objetivo notadamente punir aquele que, sem recursos materiais para prover sua própria subsistência e sem acesso a oportunidades de ascender socialmente por meio de uma boa educação, de acesso à profissionalização e ao mercado de trabalho, não tinha outra alternativa a não ser passar a pedir esmolas na rua, ou seja, o referido artigo direcionava seu alvo para os vulneráveis sociais com nítida feição seletiva. Com a revogação do referido artigo da lei de contravenções penais, exterminou-se do ordenamento penal mais um dispositivo que albergava a chamada coculpabilidade às avessas, cujo objetivo é penalizar ainda mais os já penalizados e vulnerabilizados sujeitos pertencentes às classes mais baixas da população.

E é precisamente na zona mais baixa da pirâmide social, enfatiza Baratta, que a função selecionadora do sistema se transforma em função marginalizadora, em que a linha demarcatória entre os estratos mais baixos do proletariado e as zonas de subdesenvolvimento e de marginalização assinala um ponto permanentemente crítico, no qual à ação reguladora do mecanismo geral do mercado de trabalho se acrescenta a dos mecanismos reguladores e sancionadores do direito. Tal ocorre na criação e gestão da zona particular de marginalização que é a população criminosa. A estratificação social, isto é, a desigual repartição do acesso aos recursos e às oportunidades sociais, é extrema na sociedade capitalista avançada, uma vez que a ascensão dos grupos provenientes dos diversos níveis da escala social permanece um fenômeno limitado ou absolutamente excepcional, enquanto o autorrecrutamento dos grupos sociais marginalizados é muito mais relevante do que parece à luz do mito da mobilidade social (BARATTA, 2011, p.172).

Contudo, apesar da revogação do artigo 60 da lei de contravenções penais, ainda há resquícios na referida legislação não somente do traço marcante e estigmatizante da seletividade, como da permanência de uma das formas de apresentação da coculpabilidade às avessas com a manutenção do artigo 59 (conhecido como a contravenção de "vadiagem"), o qual estabelece que aquele que se entrega habitualmente à ociosidade, sendo válido para o trabalho, sem ter renda que lhe assegure meios bastantes de subsistência ou prover à própria subsistência mediante ocupação ilícita incorre em uma contravenção penal.

Mais uma vez o referido dispositivo legal se dirige ao pobre, ao excluído social, aquele que não tem recursos materiais de prover sua subsistência e para isso recorre a subempregos, pois sem qualificação não consegue ter acesso a condições e oportunidades de ascensão social ou de ingressar no mercado formal de trabalho.

Tentando contornar mais essa distorção seletiva existente em nosso ordenamento jurídico-penal destinado às classes menos favorecidas, existia um projeto de lei (Projeto de lei nº. 4.668/2004) em tramitação no Congresso Nacional que já havia sido aprovado pela Comissão de Constituição e Justiça (CCJ), com o objetivo de revogar o artigo 59 e assim expurgar do ordenamento penal pátrio a referida contravenção. Lamentavelmente, o mencionado projeto de lei encontra-se arquivado – sua última tramitação foi no dia 30 de abril de 2019. E com ele, (pelo menos por enquanto) foi arquivada também a possibilidade de exterminar do nosso ordenamento jurídico penal tal contravenção que tem precipuamente o objetivo de punir aqueles que já são punidos pelo sistema social desigual e injusto.

Especificamente no âmbito criminal, convivemos com um sistema penal seletivo, repressivo, rotulante e discriminatório, no qual frequentemente são desconsideradas as reais motivações e o entorno do crime. Além disso, também na estrutura da justiça criminal, impregnada do racismo estrutural, sua "clientela" é composta por jovens de baixa escolaridade, pobres e negros. São pessoas com essas características que frequentemente são "recrutadas" por um sistema penal estigmatizante que os "seleciona" e "etiqueta" como potenciais criminosos, pois além de vulneráveis sociais são também vulnerabilizados por uma sociedade impregnada de preconceitos e de uma sede punitivista que coloca o Direito Penal como *prima ratio*.

O crime é uma construção social, então sua análise a partir de teorias como o *Labelling Approach* traz também uma contribuição ao estudo e à busca de um conceito interdisciplinar para o delito. E apesar de não ser o nosso foco no momento, não podemos também esquecer das criminologias críticas, que provocaram uma ruptura da perspectiva etiológica e também concentraram sua análise no sistema penal estigmatizante, seletivo e discriminatório.

A chamada teoria da rotulação tem sido o ponto central de atenção da escola interacionista. A rotulação seria, portanto, o processo pelo qual um papel desviante é criado e mantido por meio da imposição dos "rótulos delitivos". Uma etiqueta social seria uma designação ou nome estereotipado, imputado a uma pessoa com fundamento em alguma informação que se tem sobre ela, se constituindo em formas de classificação de indivíduos em agrupamentos manipuláveis (CASTRO, 1983, p.103).

Não pretendemos fazer uma análise pormenorizada da teoria da rotulação, somente apontar que frequentemente o sujeito que se encontra em uma posição socialmente vulnerável, o excluído das oportunidades de ascensão social em decorrência da negligência estatal em relação ao efetivo cumprimento dos seus deveres sociais, é o "etiquetado", rotulado como criminoso e a coculpabilidade não desconhece esse fato, propondo-se a ser um instrumento de abrandamento da seletividade no Direito Penal.

Conforme já mencionado, um outro exemplo da coculpabilidade às avessas diz respeito ao abrandamento das penas para os crimes que são, em geral, praticados pelos sujeitos das classes hegemônicas, como por exemplo, os denominados crimes econômicos. A lei nº 9.249 de 26 de dezembro de 1995 em seu artigo 34 estabelece que se extingue a punibilidade do agente nos crimes definidos na lei nº. 8.137 de 27 de dezembro de 1990 e na lei nº. 4.729 de 14 de julho de 1965 quando o agente promover o pagamento do tributo ou contribuição social, inclusive acessórios, antes do recebimento da denúncia. Ao tratar dessas *benesses*, o Estado nitidamente privilegia o socialmente incluído, o agente pertencente às classes com maior poderio econômico, uma vez que, por exemplo, o vulnerável social dificilmente cometerá um crime tributário, como o de sonegação fiscal tipificado no artigo 1º da lei de sonegação fiscal já mencionada (Lei nº. 4.729/65), pois se este não tem dinheiro para saciar sua fome, certamente não teria sequer o que sonegar.

Como reprodutor das desigualdades sociais existentes na sociedade, o Direito Penal deixa patente que a igualdade no sistema penal, na verdade, é inexistente. A desigualdade na seara penal fica nítida quando são criminalizadas condutas direcionadas às classes vulneráveis que já são excluídas, por exemplo, das oportunidades de ingresso no mercado formal de trabalho e de uma educação pública de qualidade, enquanto que aqueles que são incluídos socialmente são tratados de forma privilegiada, seja com penas mais brandas, seja com diversas benesses, conforme já ressaltado.

O Brasil, conforme enunciado no artigo 1º da Constituição Federal de 1988, constitui-se em um Estado Democrático de Direito, tendo como fundamento, entre outros, a dignidade da pessoa humana (artigo 1º, inciso III), proclamando em seu parágrafo único que todo o poder emana do povo, que o exerce por meio de representantes eleitos ou diretamente, nos termos propostos pela própria Constituição.

Em que pese tal enunciado, o que constatamos é que muitas vezes as leis são editadas tendo em vista o interesse das classes dominantes. Prova disto é que até 2009 a mendicância ainda era prevista como contravenção penal. E atualmente (em pleno ano de 2023) ainda está em vigência a contravenção penal da "vadiagem". Tais dispositivos representam o ranço do preconceito, da predominância dos interesses das classes dominantes em detrimento das classes menos abastadas que, já punidas por um sistema social desigual são também punidas por um sistema penal seletivo, discriminatório e estigmatizante.

Constatamos também que as condutas delituosas praticadas por sujeitos pertencentes às classes privilegiadas não são criminalizadas com a mesma frequência e nem com a mesma intensidade ou rigor da sanção penal como são as condutas praticadas por sujeitos vulneráveis sociais ou, quando são criminalizadas, há paralelamente uma série de benefícios encartados na lei para privilegiar tais sujeitos, conforme já exposto.

A coculpabilidade às avessas não deve ser acatada, pois acaba por desconstituir o próprio conceito de coculpabilidade no sentido para o qual foi pensada, desnatura o seu fundamento, provocando uma revisão ou extensão de seu conceito. O reconhecimento da coculpabilidade vem exatamente retirar da legislação penal brasileira não somente as discriminações como também a coculpabilidade às avessas, principalmente quando se tem como apoio as abastadas condições socioeconômicas dos detentores do poder econômico (MOURA, 2006, p.102).

Entendemos que é a coculpabilidade às avessas que termina por criar um Direito Penal de classes, seja quando tipifica condutas destinadas às classes sociais consideradas subalternas, seja quando eleva a reprovação em relação às condutas praticadas pelos sujeitos que estão socialmente incluídos, pois, conforme já explicitado, a reprovação para estes já se encontra abstratamente prevista e delimitada em nosso ordenamento jurídico-penal. Por tudo isso, não concordamos e repudiamos a adoção e a aplicação da coculpabilidade às avessas em quaisquer de suas formas de apresentação.

6.2. ANÁLISE DA COCULPABILIDADE E SUA INCIDÊNCIA JURISPRUDENCIAL

A aplicação da coculpabilidade pela jurisprudência ainda é rara, apesar de ser invocada como tese defensiva por alguns advogados atuantes na seara criminal, como pode ser constatado por meio da análise de diversas decisões.

O objetivo deste tópico não é trazer uma lista exaustiva de decisões, mas sim o de analisar os argumentos utilizados nas decisões proferidas seja a favor, seja contra a admissibilidade no ordenamento jurídico-penal brasileiro da coculpabilidade, já que a jurisprudência raramente a consagra, e como ela tem sido tratada a partir desse enfoque.

Em decorrência da inviabilidade de analisar todas as decisões de todos os Tribunais de Justiça estaduais, concentraremos a análise nas decisões dos Tribunais de Justiça do Rio Grande do Sul, Paraná e São Paulo, mesmo porque os argumentos favoráveis ou contrários à aplicação da coculpabilidade em um caso concreto se repetem em outros Tribunais estaduais. As decisões proferidas pelo Superior Tribunal de Justiça e pelo Supremo Tribunal Federal também serão analisadas.

Numa busca jurisprudencial são poucos os tribunais (notadamente o Tribunal de Justiça do Rio Grande do Sul) que acatam a ideia objetivada pela coculpabilidade e compreendem seu real fundamento. Conforme se denota da seguinte ementa, *in verbis*:

> EMENTA: ROUBO. CONCURSO. CORRUPÇÃO DE MENORES. **COCULPABILIDADE.**
> - Se a grave ameaça emerge unicamente em razão da superioridade numérica de agentes, não se sustenta a majorante do concurso, pena de "*bis in idem*".
> - Inepta *é a inicial do delito de corrupção de menores (lei 2.252*-54) que não descreve o antecedente (menores não corrompidos) e o consequente (efetiva corrupção pela prática de delito), amparado em dados seguros coletados na fase inquisitorial.
> - [...] a *coculpabilidade* **faz a sociedade também responder pelas possibilidades sonegadas ao cidadão - réu.**
> - Recurso improvido, com louvor à Juíza sentenciante.
> (Apelação Crime nº. 7000220371. Quinta Câmara Criminal. Tribunal de Justiça do Rio Grande do Sul. Relator: Amilton Bueno de Carvalho. Data do julgamento: 21.03.2001, grifo nosso).

No tocante à citada decisão, no momento da dosimetria da pena, a juíza sentenciante de 1º grau reconheceu a coculpabilidade explicitando que a motivação do delito, em se tratando de crime patrimonial, está vinculada ao desejo de obter lucro fácil, sem esforço e em prejuízo de outrem. Contudo, pela espécie de delito praticado (roubo de tênis, camiseta, relógio e boné) verifica-se evidente influência do sistema de desigualdades sociais vigente em nosso país, que, ao mesmo tempo que marginaliza parcela da população, estimula o consumismo, mesmo para aqueles excluídos das relações de consumo pelo pouco poder aquisitivo. Não se pode utilizar, enfatiza ainda a juíza sentenciante, de maniqueísmo e imputar totalmente aos agentes a responsabilidade por essa conduta punível. O relator da apelação, Amilton Bueno de Carvalho corroborou com o entendimento da juíza sentenciante no tocante ao reconhecimento da coculpabilidade no referido caso concreto.

Constatamos que na maioria dos casos em que a coculpabilidade é invocada, esta é rejeitada. No entanto, em consonância com o entendimento da doutrina majoritária, grande parte das decisões visualizam a coculpabilidade, conforme já salientado, como uma atenuante genérica inominada, que pode ser encaixada, portanto, no artigo 66 do Código Penal brasileiro.

Exemplificadamente, na apelação criminal nº. 70051797603 da Sexta Câmara Criminal do Tribunal de Justiça do Rio Grande do Sul, apesar de negada a aplicação da coculpabilidade ao caso concreto analisado, houve o reconhecimento de que esta pode ser considerada uma atenuante genérica prevista no artigo 66 do Código Penal (Apelação-crime nº. 70051797603, Sexta Câmara Criminal, Tribunal de Justiça do Rio Grande do Sul, Relator: Ícaro Carvalho de Bem Osório. Julgado em: 31.01.2013).

Na apelação criminal nº. 70039284427, mais uma vez do Tribunal de Justiça do Rio Grande do Sul, cuja relatoria ficou a cargo de Aramis Nassif, foi negada a incidência da coculpabilidade no caso posto para a apreciação, contudo, o relator em seu voto reconheceu que esta se configura em uma atenuante inominada conforme entendimento da doutrina majoritária. Apesar do relator reconhecer em seu voto que vivemos em um país assolado por profundas desigualdades sociais, geradas por uma distribuição de renda deficitária, o que, somado a muitos outros fatores, reverbera em condições precárias de sobrevivência para os cidadãos, sustenta que esta não tem o condão de justificar, em termos penais, o ato ilícito, sendo inviável a atenuação da pena. Por essa razão, afirma que, por mais considerável que seja o problema da criminalidade, ainda é posta em prática por uma ínfima parcela dos cidadãos, tornando ilógico privilegiá-los (Apelação-crime nº. 70039284427. Quinta Câmara Criminal. Tribunal de Justiça do Rio Grande do Sul. Relator: Aramis Nassif. Julgado em: 10.11.2010).

Na decisão em análise, o relator admitiu a desigualdade na distribuição de renda, o que acarreta condições precárias de vida a alguns cidadãos, mas argumenta que tal fato não deve ser utilizado para atenuação da pena desses indivíduos na hipótese destes cometerem um delito, pois seria ilógico privilegiá-los. No entanto, tal argumento também deve ser rechaçado, pois a eventual atenuação da pena não é a concessão de um privilégio e sim uma análise acerca da existência ou não da reprovabilidade da conduta do sujeito no caso concreto posto à apreciação a ponto de merecer a atenuação ou a imposição de uma pena.

Que a pobreza não é causa da criminalidade isso já está explicitado, que sujeitos pertencentes às classes abastadas também cometem delitos, apesar de incluídos socialmente, todos nós temos ciência, contudo, o estado de vulnerabilidade social não pode ser desconsiderado, justamente porque vivemos em um país de desigualdades sociais profundas e se quisermos verdadeiramente tornar o Direito Penal mais próximo da realidade em que vivemos, mais justo e mais humano numa tentativa verdadeira de amenizar a seletividade no Direito Penal, não podemos deixar de não somente defender como aplicar a coculpabilidade, desde que o caso concreto assim permita. Desde que, obviamente, haja uma correlação com o estado de vulnerabilidade social do sujeito e o crime por este perpetrado.

Convém salientar que frequentemente – até mesmo pelo fato de a coculpabilidade não ser muito discutida pela doutrina especializada – percebemos em algumas decisões noções equivocadas acerca do tema. Na apelação-crime nº. 70037247806 foi também rejeitada a aplicação da coculpabilidade ao caso concreto. Nesse passo, desejamos analisar e refutar alguns argumentos trazidos pelo relator Odone Sanguiné. (Apelação Crime nº. 70037247806, Terceira Câmara Criminal, Tribunal de Justiça do Rio Grande do Sul, Relator: Odone Sanguiné, Julgado em: 24.02.2011).

Primeiro, o supracitado relator entende que a coculpabilidade é inadmissível como circunstância hábil para reduzir a pena e que a tese da coculpabilidade é insuficiente em decorrência da inviabilidade da invocação da baixa instrução como causa do crime, sendo notório que o crime permeia todos os segmentos sociais.

Não consideramos que a baixa instrução, ou seja, a vulnerabilidade social que também abrange o baixo grau de instrução ou escolaridade, e não somente condições econômicas desfavoráveis, seja causa do crime, como já foi asseverado, mas contribui em determinadas situações para o cometimento de delitos.

Outro argumento contra a admissibilidade da coculpabilidade posto na decisão foi em relação à impossibilidade de delimitar um menor poder punitivo para os menos letrados e um maior para aqueles com o mais alto grau acadêmico, gerando um Direito Penal de duas velocidades.

Ora, por óbvio, o relator lamentavelmente confunde a coculpabilidade às avessas (esta sim que deve ser rechaçada, conforme já ressaltamos) com a coculpabilidade, deturpando o conceito da mesma, pois o que objetiva coculpabilidade é que, desde que pertinente ao caso concreto, a vulnerabilidade social (na qual pode ser incluída a baixa escolaridade) deve ser considerada e não que haja um aumento em relação à reprovabilidade da conduta daqueles que estão incluídos socialmente. Os incluídos socialmente já têm sua reprovação abstratamente prevista no tipo penal, não havendo necessidade de aumento nessa reprovação. A coculpabilidade não deve ser utilizada concorrentemente para aumentar a reprovação da conduta dos incluídos sociais e atenuar no caso dos vulneráveis sociais – este não é o objetivo da coculpabilidade, conforme também já asseverado. Quando isso ocorre estamos diante da coculpabilidade às avessas, que deve ser rechaçada, pois esta sim é que acarreta um Direito Penal classista.

Por último, segundo o relator em seu voto, a admissibilidade da coculpabilidade ignora o problema da seletividade criminalizadora do poder punitivo sobre a população, argumento este que também não prospera uma vez que a coculpabilidade tem como objetivo também ser um instrumento amenizador da seletividade no Direito Penal. Além disso, enxergar o ser humano e suas vulnerabilidades é caminhar rumo a um Direito Penal menos seletivo, mais humano e efetivamente garantista.

Quanto aos Tribunais Superiores, a Sexta Turma do Superior Tribunal de Justiça, de forma geral, não tem admitido a aplicação da teoria da coculpabilidade do Estado como justificativa para a prática de delitos. (Habeas Corpus 187.132. Superior Tribunal de Justiça. Sexta Turma. Relatora: Maria Thereza de Assis Moura. Data do julgamento: 18.02.03).

Na pesquisa jurisprudencial de decisões mais recentes (entre os anos de 2016 a 2022), encontramos o mesmo panorama já citado: a coculpabilidade é alegada como tese defensiva, mas repelida pelos Tribunais de Justiça dos Estados assim como também pelo STJ e pelo STF, frequentemente utilizando conceitos que não condizem com o verdadeiro significado e objetivo da coculpabilidade.

A título de análise e ilustração temos a Apelação Criminal nº. 1500024-56.2021.8.26.0603 do Tribunal de Justiça de São Paulo. O réu foi condenado à pena de dois anos, dez meses e dezesseis dias de reclusão em regime inicial semiaberto, mais treze dias-multa, como incurso no artigo 155, parágrafos 1º e 4º, incisos I e II combinado com o artigo 14, II do Código Penal. A defesa ainda alegou que o réu estava sob o efeito de entorpecentes no momento da prática delituosa (o que, efetivamente, não restou comprovado). A arguição da incidência da coculpabilidade foi negada. (Apelação Criminal nº. 1500024-56.2021.8.26.0603. Décima quarta Câmara Criminal. Tribunal de Justiça do Estado de São Paulo. Relator: Freire Teotônio. Julgado em: 28.03.22).

Analisando a citada decisão, ainda que o caso, pelas informações contidas nos autos, não ensejasse a incidência da coculpabilidade, os argumentos trazidos na decisão para rechaçá-la foram, data vênia, equivocados, partindo de definições que não correspondem ao real significado e escopo traçado pela coculpabilidade.

Um dos argumentos parte da ideia de que apesar da patente falta de assistência à sociedade pelo Estado, não é por este motivo que nasce qualquer justificativa ou amparo para a prática de crimes acarretando atenuação da pena. Primeiramente, o argumento nos remete à alegação de que a pobreza é a causa do cometimento de crimes, o que não é verossímil, conforme já exposto em capítulo anterior deste livro.

O estado de vulnerabilidade social pode, sim, a depender do caso concreto, impulsionar o sujeito à prática do crime, faltando ao sujeito a exigibilidade de um comportamento conforme a norma. Sobrecarregar este sujeito no momento da aplicação da pena é desconsiderar o mundo real em que vivemos e a situação de miserabilidade na qual vive (ou melhor, sobrevive) grande parcela da população brasileira e o menor grau de autodeterminação gerada pela situação de vulnerabilidade social.

Portanto, mais uma vez, o argumento posto na decisão em apreço para negar a incidência da coculpabilidade não deve prosperar, pois além do supracitado, isso só afasta mais ainda o Direito Penal da realidade, o tornando cada vez mais seletivo e estigmatizante. Um dos objetivos da coculpabilidade é justamente aproximar o Direito Penal do mundo real e do entorno do crime e que a vulnerabilidade social seja observada, pois esta, não raro, influencia o sujeito à prática de crimes, pois a liberdade de escolha e vontade do sujeito nesse caso se torna "corrompida" pela situação ou estado de vulnerabilidade social a que está submetido.

Lamentavelmente, encontramos esse mesmo argumento em outras decisões como, por exemplo, na Apelação Criminal nº. 1506231-32.2021.8.26.0228, também do Tribunal de Justiça do Estado de São Paulo. (Apelação Criminal nº. 1506231-32.2021.8.26.0228. Sexta Câmara de Direito Criminal. Relator: Farto Salles. Julgado em: 08.03.22).

A coculpabilidade pode ser alegada sempre que houver compatibilidade e liame entre o estado de vulnerabilidade social e o crime praticado. Ocorre que, frequentemente, a defesa dos réus a alega de forma equivocada ou ainda a alega apenas para tentar obter uma atenuação da pena, desconsiderando o significado e o objetivo da coculpabilidade. A vulnerabilidade social não deve ser alegada se efetivamente não foi primordial para o cometimento do delito ou se esta não existe de fato, sendo alegada somente para obter uma atenuação da pena. É necessário entender e deixar nítido que a situação de vulnerabilidade social deve ser tão intensa que no momento da prática do crime, ao sujeito que o praticou, era inexigível um comportamento diverso do que verdadeiramente teve. A análise do caso concreto e o entendimento correto do conceito, escopo e natureza jurídica da coculpabilidade são imprescindíveis para que esta não seja banalizada e alegada de forma leviana, inclusive pela própria defesa dos réus.

Percebemos também que, em diversas decisões (como, por exemplo, encontramos na Apelação Criminal n° 1513529-12.2020.8.26.0228. Tribunal de Justiça do Estado de São Paulo. 1ª Câmara de Direito Criminal. Relator: Diniz Fernando. Julgado em: 31.01.22), os termos coculpabilidade e culpabilidade pela vulnerabilidade são constantemente considerados como sinônimos, o que não procede conforme já explicitado quando fizemos a distinção entre coculpabilidade e culpabilidade pela vulnerabilidade. A coculpabilidade se refere de forma específica à vulnerabilidade social enquanto a culpabilidade pela vulnerabilidade é um termo mais abrangente e pode se referir a outros tipos de vulnerabilidades. Quando nos referimos à coculpabilidade, estamos explicitando a vulnerabilidade social, e somente esta, apesar da existência de outros tipos de vulnerabilidades que podem também impulsionar o sujeito à prática de crimes.

Em relação às decisões proferidas pelo Superior Tribunal de Justiça, especialmente no Recurso Especial n° 1.394.233, foi pleiteada pela defesa a aplicação da atenuante genérica (na qual pode ser encaixada a coculpabilidade conforme entendimento de parte majoritária da doutrina pátria) prevista no artigo 66 do Código Penal, sob o fundamento de que houve tentativa de suicídio praticada pelo réu em decorrência das consequências do crime em apreço (no caso peculato, tipificado no artigo 312 do Código Penal), sendo esta circunstância relevante posterior à prática do delito.

Já analisamos o artigo 66 do Código Penal e salientamos que a coculpabilidade pode ser encaixada no citado dispositivo legal. O artigo em tela estabelece que a pena poderá ser atenuada em razão de circunstância relevante, anterior ou posterior ao crime, embora não prevista expressamente em lei. Tal circunstância relevante, que pode ser **qualquer circunstância** ocorrida anteriormente ou posteriormente à prática do crime, ainda que não prevista em lei, é, portanto, nada mais, nada menos, que uma atenuante de conteúdo aberto, que permite ao juiz aplicá-la ou não dependendo do caso concreto posto para a apreciação, ou seja, é uma discricionariedade do juiz e não uma obrigatoriedade de sua aplicação. A coculpabilidade pode ser encaixada no citado dispositivo legal, contudo, não se refere de forma específica a ela. Além disso, dentro dessa circunstância podem ser agasalhados outros tipos de vulnerabilidades, não somente a vulnerabilidade social.

O Ministro Relator Sebastião Reis Júnior do Superior Tribunal de Justiça, ao analisar o caso, assim se posicionou acerca das circunstâncias atenuantes de forma geral e de forma mais específica acerca do artigo 66 do Código Penal, posicionamento este com o qual corroboramos, *in verbis*:

> [...] De maneira oposta ao que acontece com as agravantes, que devem obediência ao princípio da taxatividade e que não podem ser interpretadas extensivamente em prejuízo do réu, permitem a construção de textos genéricos que deem liberdade para que o juiz, considerando as circunstâncias do caso concreto, reduza a pena do réu, de forma que melhor atenda ao princípio da individualização da pena. Dessa forma contrariamente ao que ficou decidido pela Corte *a quo*, entendo que a atenuante prevista no artigo 66 **não possui sua aplicação limitada aos casos em que reconhecida a coculpabilidade do Estado**, podendo incidir sempre que o julgador identificar alguma circunstância relevante. (Recurso Especial n° 1.394.233. Superior Tribunal de Justiça. Sexta Turma. Relator: Sebastião Reis Júnior. Data do julgamento: 03.05.2016, grifo nosso).

Defendemos a disposição expressa da coculpabilidade no Código Penal justamente para que esta deixe de ser mera faculdade do julgador para se tornar um direito público subjetivo do réu caso, obviamente, sejam preenchidos os requisitos para que seja aplicada ao caso concreto e também para que não seja confundida com a atenuante genérica inominada prevista no artigo 66 do citado diploma legal. A coculpabilidade "**pode**" ser encaixada no citado artigo, mas, o mesmo, repita-se, **não se refere de forma específica à coculpabilidade ou à vulnerabilidade social**; trata-se de atenuante de tessitura aberta, pois a circunstância anterior ou posterior ao crime a qual faz referência, conforme já ressaltado, pode ser qualquer uma, inclusive outros tipos de vulnerabilidades.

Quanto ao caso concreto apreciado na supracitada decisão, este não comporta a incidência e aplicação da coculpabilidade. O agente não estava em uma situação de vulnerabilidade social que o impelisse à prática do delito e também não foi esse o motivo (pelo menos, não restou comprovado) que o influenciou a atentar contra sua própria vida.

É necessário compreender em que situações é possível arguir a incidência da coculpabilidade para que sua arguição em um determinado caso concreto não seja simplesmente uma manobra da defesa para obter uma eventual atenuação da pena, evitando assim que a alegação da aplicação da coculpabilidade seja banalizada, como percebemos quando analisamos alguns argumentos por parte da defesa, o que pode também estar relacionado à disseminação de noções equivocadas acerca do tema.

Um exemplo dessa constatação está estampado na alegação da incidência da coculpabilidade em um crime de estupro de vulnerável (artigo 217-A do Código Penal). Trata-se do seguinte caso concreto posto à apreciação no HC n° 411.243. O acusado do delito morava com a vítima (que era primo do acusado), a vítima tinha seis anos de idade à época dos fatos. A mãe do menor, que também residia com o acusado, flagrou o mesmo no momento em que praticava atos libidinosos com a criança. Em decorrência desse fato, foi condenado a dez anos e dois meses de reclusão em regime inicial fechado. A defesa do réu requereu redimensionamento da pena imposta sob o argumento que incidiria, no caso, a teoria da coculpabilidade. De acordo com o impetrante, o fato do paciente ser egresso e de seu retorno ao convívio social não ter sido feito de modo adequado, demonstra que há uma parcela de responsabilidade estatal na conduta por ele praticada, justificando, assim, a incidência da atenuante genérica. (HC n.º 411.243. Superior Tribunal de Justiça. Relator: Jorge Mussi. Data do julgamento: 07.12.17).

Sobre a citada alegação da defesa de que a coculpabilidade poderia incidir no mencionado caso concreto, percebemos mais uma vez o desconhecimento ou o entendimento incorreto acerca do conceito, objetivo e das situações em que esta pode ser aplicada.

A coculpabilidade se refere de modo específico à vulnerabilidade social e não a todo e qualquer tipo de vulnerabilidade. Além disso, a coculpabilidade não se aplica a todos os crimes indiscriminadamente por total e absoluto antagonismo entre a situação de vulnerabilidade social e o crime praticado, como é o caso exposto na decisão ora analisada. O réu praticou o crime com o objetivo de satisfação de sua lascívia, portanto, não teve nenhuma relação com o seu suposto estado de vulnerabilidade social. Portanto, pelo exposto, a coculpabilidade não pode ser aplicada ao caso em análise.

Outro ponto alegado pela defesa foi o de que a coculpabilidade incidiria no caso em apreço, pois o Estado tinha parcela de responsabilidade em não propiciar de forma adequada a reinserção do sujeito após o cumprimento da pena. No caso concreto, contudo, não houve comprovação em relação aos elementos demonstrativos da falta de assistência estatal ao acusado e ainda que isso de fato tivesse ocorrido, não tem liame algum com o crime praticado, o qual foi praticado para satisfação de seu desejo sexual, sem ligação com o seu suposto estado de vulnerabilidade social.

No recurso extraordinário com agravo n°.1240292 analisado pelo STF foi também pleiteada a incidência da coculpabilidade, sob o argumento de que haveria parcela de responsabilidade do Estado por não propiciar de forma adequada a reinserção do sujeito após o cumprimento da pena, mas também foi rejeitado. (Recurso Extraordinário com Agravo n°.1240292. Supremo Tribunal Federal. Relatora: Cármen Lúcia. Data do julgamento: 27.11.2019)

Existem pessoas que realmente desejam sua reinserção na sociedade e não obtêm oportunidades e nem meios para tal, mas há outras que não comungam do mesmo desejo, sendo esta uma decisão pessoal do sujeito. Nesse sentido, o argumento de que há parcela de responsabilidade do Estado por não propiciar a reinserção adequada do sujeito após o cumprimento da pena, deve ser analisado conforme o caso concreto e de maneira cuidadosa, se o sujeito tentou de todas as formas se reinserir na sociedade (procurou emprego, não se envolveu em atividades ilícitas, por exemplo), contudo, não foram propiciadas a ele, oportunidades para que este pudesse refazer sua vida pós-cárcere e veio a cometer novo delito em decorrência do seu estado de vulnerabilidade social, nada obsta que se alegue a coculpabilidade e que esta seja acatada em um determinado caso concreto, desde que estejam presentes os requisitos para sua aplicação.

Os requisitos a serem preenchidos são: que o sujeito esteja em um estado de vulnerabilidade social e tenha cometido o delito em decorrência dessa vulnerabilidade; que o delito praticado tenha consonância, que haja um liame entre a situação de vulnerabilidade social e o delito perpetrado e que tenha sido na situação concreta em que o sujeito se encontrava, inexigível um comportamento conforme a norma.

O argumento utilizado para rejeitar a aplicação da coculpabilidade no caso em pauta foi o seguinte:

> [...] Não cabe ao Estado a responsabilidade pelo insucesso da ressocialização do acusado ora apelante, pois é reserva constitucional que "ninguém será obrigado a fazer ou deixar de fazer alguma coisa senão em virtude de lei" (Art.5º, II/ Constituição Federal). Não há lei que "obrigue" a "ressocializar-se" como tarefa do Estado. Trata-se, portanto, de área afeta à intimidade e liberdade de cada pessoa. Logo, a escolha de ressocializar-se recai exclusivamente sobre a pessoa do acusado como afirmação ao princípio da autodeterminação. [...]. (Recurso Extraordinário com Agravo nº. 1240292. Supremo Tribunal Federal. Relatora: Cármen Lúcia. Data do julgamento: 27.11.19).

A partir da análise dos casos nos quais se alega a incidência da coculpabilidade que chegaram ao Supremo Tribunal Federal, constatamos a repetição dos argumentos já verificados nas demais decisões dos Tribunais de Justiça dos Estados e do STJ, com a defesa frequentemente cogitando a possibilidade de aplicação da coculpabilidade, contudo, com base em fundamentos que não correspondem ao seu verdadeiro conceito, demonstrando o desconhecimento do mesmo: crimes perpetrados que não têm congruência ou relação com a situação de vulnerabilidade social e justificativas que não têm pertinência com o objetivo traçado pela coculpabilidade. Tais constatações, a título exemplificativo, se depreendem da leitura e análise das seguintes decisões: Recurso Extraordinário 1258265. Supremo Tribunal Federal. Relator: Luiz Fux. Data de julgamento: 03.04.2020; Recurso Ordinário em Habeas Corpus 192842. Supremo Tribunal Federal. Relator: Gilmar Mendes. Data do julgamento: 24.11.20.

Conforme ressaltado, o objetivo neste capítulo não foi de trazer uma relação exaustiva de decisões acerca do tema e sim de analisar como a coculpabilidade tem sido alegada pela defesa dos réus, seus principais argumentos e como os Tribunais de Justiça estaduais, o STJ e o STF têm se posicionado acerca do assunto.

É preciso conhecer os contornos pelos quais a coculpabilidade se delimita e se define. Sabemos e já ressaltamos que existem outros tipos de vulnerabilidades (que, inclusive, podem contribuir para o cometimento de delitos), mas quando nos referimos à coculpabilidade, repita-se, estamos nos direcionando no sentido de enfocar as condições sociais adversas, a falta de oportunidades para todos em decorrência da negligência, omissão e não cumprimento dos direitos sociais como educação pública decente, moradia, alimentação, em outras palavras, do mínimo existencial, no qual todos possam, ao menos, sobreviver dignamente.

Para que a coculpabilidade possa incidir em um determinado caso concreto, é necessário que a situação de vulnerabilidade social tenha afetado o sujeito de tal maneira que no momento da prática do crime esta foi essencial para que este ocorresse, ou seja, se não fosse a situação de vulnerabilidade social na qual o sujeito estava inserido, o crime, provavelmente, não ocorreria.

A vulnerabilidade social, alegada de forma isolada e sem interligação com o crime perpetrado, sem a análise da influência que esta vulnerabilidade social surtiu na eclosão do fato delituoso, é em vão.

A alegação da coculpabilidade pela defesa de forma abusiva, sem que existam os requisitos e situações em que a mesma pode ser aplicada acaba por banalizar a ideia trazida pela coculpabilidade que é sobretudo, a busca por um Direito Penal mais justo, conectado à realidade social, encarando o agente como uma pessoa concreta inserido em uma situação de fato concreta e como densificação do princípio da culpabilidade que é, corporificando sua face garantista e limitadora do *jus puniendi* estatal.

CAPÍTULO IV

A COCULPABILIDADE COMO HIPÓTESE SUPRALEGAL DE EXCLUSÃO DA CULPABILIDADE POR INEXIGIBILIDADE DE CONDUTA DIVERSA

1. EXIGIBILIDADE DE CONDUTA DIVERSA

Conforme já exposto, a exigibilidade de conduta diversa, também denominada de normalidade da situação de fato, é um dos elementos da culpabilidade.

A normalidade da situação de fato é o fundamento concreto da exigibilidade de comportamento conforme o direito, como terceiro estágio do juízo de reprovação de culpabilidade, realizado no momento da verificação do exame da normalidade das circunstâncias da ação ou da exigibilidade jurídica. Circunstâncias normais fundamentam o juízo de exigibilidade de comportamento conforme o direito; ao contrário, circunstâncias anormais podem constituir situações de exculpação que excluem ou reduzem o juízo de exigibilidade de comportamento conforme o direito. O autor é reprovável pela realização não justificada de um tipo de crime, com conhecimento real ou possível da proibição concreta, é exculpado pela anormalidade das circunstâncias do fato, que podem excluir ou reduzir a exigibilidade de conduta diversa (SANTOS, 2008, p.330-331).

No tocante à exigibilidade de uma motivação normal e racional pelas normas, a referência valorativa desse elemento é a motivabilidade normal e racional do autor pela norma, segundo sua possibilidade de sentir-se autor racional da mesma. A possibilidade de sentir-se autor racional da norma, que possibilita uma construção de uma causa supralegal de exclusão da culpabilidade, permite agasalhar, com efeito excludente aqueles que estão em posição sócio-política marginal (COUSO SALAS, 2006, p.520-521).

A exigibilidade de conduta implica no fato de que junto à exigência da possibilidade de compreensão do injusto se considere a possibilidade de, se ao sujeito pode ser exigida uma determinada conduta (como a de não atuar contra o ordenamento), em decorrência dos condicionantes concretos em que se encontrava. Não basta a referência respeitante ao injusto (exigência de possibilidade de compreensão), mas necessariamente tem que demonstrar se a exigência da conduta era possível em relação a esse indivíduo nessa situação. Somente então pode ser estabelecido que o sujeito está em situação de responder por seu ato. Daí o motivo pelo qual não é exato afirmar que a exigibilidade da conduta somente seria um elemento estranho à culpabilidade (BUSTOS RAMÍREZ; HORMAZÁBAL MALARÉE, 1999, p.349).

2. EXIGIBILIDADE DE CONDUTA DIVERSA COMO ELEMENTO DA CULPABILIDADE

2.1. NA CONCEPÇÃO NORMATIVA E NA CONCEPÇÃO NORMATIVA PURA DA CULPABILIDADE

A teoria normativa da culpabilidade surgiu em decorrência das deficiências da concepção psicológica da culpabilidade. A concepção psicológica entendia a culpabilidade como uma mera relação entre o autor e o fato por este praticado e como espécie de culpabilidade por um lado o dolo e por outro a culpa. Já apontamos as deficiências da concepção psicológica da culpabilidade no primeiro capítulo, quando tratamos da evolução do conceito de culpabilidade. E uma delas é que tal teoria não abarcava a ideia de exigibilidade.

Isso decorre do fato de que, nesta teoria, não tem cabimento algum uma ideia profundamente normativa como esta. Uma das razões apontadas é a de que a exigibilidade somente pode ter cabimento na teoria da culpabilidade se esta é considerada como um juízo de censura, que é feito ao autor por seu ato antijurídico. Não tem cabimento na concepção psicológica outras ideias fundamentais para a exigibilidade, como a ideia de dever e a de poder, uma vez que se tem em conta unicamente a relação psicológica. Desprezam-se as circunstâncias nas quais tem lugar a realização do fato e circunstâncias que devem nos oferecer a medida do poder do sujeito. Ao não considerar o poder e o dever, não é possível que surja uma ideia de inexigibilidade na concepção psicológica da culpabilidade (CORREA, 2004, p.8-9).

As insuficiências da concepção psicológica levaram então ao surgimento da teoria psicológico-normativa que teve como principal idealizador Frank, cujo trabalho foi muito importante para a evolução do conceito de culpabilidade. O autor sublinhou a relevância das circunstâncias concomitantes na medição da culpabilidade, já que esta é um conceito graduável. O conceito de culpabilidade sob a visão de Frank estava composto então pela imputabilidade, pelo dolo ou imprudência e pela normalidade das circunstâncias sob as quais atua o agente. Conforme a concepção trazida pelo autor, portanto, culpabilidade é reprovabilidade.

Frank, ante as críticas direcionadas ao seu trabalho, revisou em vários momentos a teoria que havia formulado, porém, sem que em nenhum momento tal revisão afetasse a conceituação da culpabilidade como reprovabilidade. A revisão mais importante foi em relação às circunstâncias concomitantes que deixaram de ser um elemento da culpabilidade para serem subjetivizadas, sendo considerado um retrocesso em relação ao dogma principal das teorias tradicionais da culpabilidade que entendiam a culpabilidade como um momento complexo exclusivamente interno-subjetivo (CORREA, 2004, p.13).

As circunstâncias concomitantes trazidas por Frank foram então a semente para a discussão da ideia de exigibilidade que foram aperfeiçoadas por Goldschmidt e especialmente por Freudenthal, cuja concepção teve o mérito de inserir a exigibilidade como elemento fundamental em uma análise valorativa da culpabilidade.

O poder de atuação alternativa depende da evitabilidade do ato e a exigibilidade de haver atuado de forma diferente se vincula, portanto, e como consequência à reprovabilidade da conduta típica e antijurídica. Com a sua obra, Freudenthal insere definitivamente a exigibilidade no terreno da culpabilidade material, desligando-a assim do injusto e de sua relação com a antijuridicidade, como entendeu a doutrina que subsumia a inexigibilidade de outra conduta como causa de justificação (FERNÁNDEZ, 2003, p.29-31).

Quanto à obra de Goldschmidt, um de seus méritos é que em decorrência da teoria do dever jurídico este encontrou um fundamento comum às causas de exculpação. Em relação ao elemento normativo da culpabilidade, o autor considera que seu fundamento reside na lesão da norma de dever. A norma jurídica de ação e a norma jurídica de dever se diferenciam não somente porque aquela se refere à conduta exterior, à motivação, mas elas se diferenciam também em relação ao seu conteúdo.

As normas jurídicas de dever são, por princípio, mandatos, elas são o complexo de normas ao qual pertencem as causas de exculpação. A motivação anormal constitui sempre uma exceção da reprovabilidade de uma conduta dolosa ou culposa cominada com pena, portanto, essa situação extraordinária de motivação pode ensejar uma causa excludente de culpabilidade. A motivação anormal não é o único pressuposto da exigibilidade e da reprovabilidade – a motivação anormal constitui o único pressuposto da inexigibilidade. Muito mais importante do que a questão da exigibilidade constituir uma restrição imanente da norma de dever ou se a inexigibilidade constitui uma exceção dela, é a questão de se saber se os casos de inexigibilidade foram taxativamente tipificados ou se a inexigibilidade é um conceito que necessita ser complementado valorativamente (GOLDSCHMIDT, 2003, p.112-113).

Foi com Freudenthal que o conceito normativo de culpabilidade ganhou impulso com a inclusão do conceito de inexigibilidade, chegando a considerá-la como uma causa legal e supralegal de exclusão da culpabilidade. A preocupação de Freudenthal não se reduz somente à natureza jurídica e a correta localização sistemática da inexigibilidade penal que é transportada do âmbito da justificação para o terreno da inculpabilidade penal, mas primordialmente o que lhe gera inquietude é o verdadeiro alcance dessa escusa de culpabilidade, a qual, conforme seu entendimento, não deve estar restrita às causas legais de exclusão da censura penal (FERNÁNDEZ, 2003, p.34).

Freudenthal erige a exigibilidade à posição de fundamento da reprovabilidade e define sua operatividade por meio de uma causa supralegal de exclusão da culpabilidade, para os casos que não fossem abarcados pelas causas de exculpação previstas em lei. Segundo o autor, em relação à culpabilidade não há que reclamar nem a normalidade das circunstâncias concomitantes objetivas, nem uma força motivadora destas. Podemos exigir, portanto, tanto no dolo quanto na culpa, que ao autor possa ser formulado um *reproche* por sua conduta. Se as circunstâncias da execução do ato se deram de um modo tal que qualquer pessoa teria atuado como atuou o autor, então falta o pressuposto comum do dolo e da culpa, a possibilidade de formulação de uma censura e, com isso, estará ausente a culpabilidade (FREUDENTHAL, 2003, p.77).

Registre-se, contudo, que a elaboração e desenvolvimento dogmático do princípio da inexigibilidade não foi um caminho sem obstáculos e isento de objeções, mas que este princípio foi objeto de duras críticas que não tardaram a aparecer. Resumidamente, se pode dizer que as críticas giraram em torno de duas questões: uma delas foi o parâmetro utilizado para determinar a exigibilidade de uma conduta e a segunda, a configuração da inexigibilidade como uma causa supralegal de exculpação (CORREA, 2004, p.18).

Na realidade, a inserção da exigibilidade dentro do conceito de culpabilidade, como um de seus elementos, se deve aos aportes dos partidários da teoria normativa da culpabilidade, conforme já destacado. Contudo, o estudo da exigibilidade de conduta diversa após um período de inércia reapareceu nos estudos da teoria normativa pura.

Resumidamente, podemos dizer que as diferenças entre a concepção normativa da culpabilidade e a concepção normativa pura da culpabilidade residem não somente no fato de que para os partidários da primeira deve ser abordada a questão da inexigibilidade, uma vez comprovadas a presença da imputabilidade e uma de suas formas de culpabilidade (dolo ou culpa) e, para a concepção normativa pura, faz-se necessário confirmar se o autor é imputável e conheceu a antijuridicidade do fato que executou. Os partidários da teoria normativa entendem a inexigibilidade como uma causa de exclusão da culpabilidade por ausência de reprovabilidade e os partidários da teoria normativa pura consideram que se trata de uma causa de desculpa da conduta ao não impedir sua presença na fundamentação completa da culpabilidade. As causas de inexigibilidade reduzem, mas não excluem a liberdade de atuar de outro modo, daí porque não se entende que são causas de exclusão da culpabilidade, mas causas de diminuição da mesma e do injusto, que induzem o ordenamento a desculpar essa conduta típica e realizada pelo sujeito sob a pressão de tais circunstâncias ao constranger a autonomia de sua vontade (CORREA, 2004, p.23-24).

3. CAUSAS LEGAIS DE EXCLUSÃO DA CULPABILIDADE POR INEXIGIBILIDADE DE CONDUTA DIVERSA

3.1. COAÇÃO MORAL IRRESISTÍVEL

Neste ponto iremos brevemente enumerar e elencar as principais características das causas de exclusão da culpabilidade por inexigibilidade de conduta diversa que estão expressamente previstas na legislação penal pátria.

A coação pode ocorrer pelo emprego da violência física (*vis absoluta*) ou moral (*vis compulsiva*) com o objetivo de forçar alguém a fazer ou não fazer algo. No entanto, somente a coação moral é que configura uma causa legal de exclusão da culpabilidade por inexigibilidade de conduta diversa. Está prevista expressamente no artigo 22 do Código Penal pátrio.

No tocante à *vis absoluta* não há que se falar em ação, uma vez que o coagido é utilizado como instrumento nas mãos do coator, portanto, inconcebível a punição. Só haverá punição do coator, considerado então como autor mediato.

O fato punível praticado sob coação irresistível é antijurídico, mas o autor pode ser exculpado por se encontrar em situação de inexigibilidade de comportamento diverso, capaz de excluir ou reduzir a dirigibilidade normativa, contrariamente, o fato é atribuível objetiva e subjetivamente ao coator, como autor mediato que domina a realização do fato através do controle da vontade do coagido, que atua sem liberdade (SANTOS, 2008, p.335-336).

A coação irresistível distingue-se da força maior. Nesta, embora anormal a motivação da vontade que compele o agente, a ação não chega a ser eliminada. Coação irresistível é aquela insuperável, à qual não se pode resistir (*cui resistere non potest*). É, portanto, uma força da qual o coacto não consegue subtrair-se nem enfrentar, só lhes resta sucumbir ante o inexorável (COSTA JÚNIOR, 2000, p.94).

Na coação moral irresistível, exercitável por meio de intimidação grave, como ameaça de revelar segredo ou de matar alguém, o coagido é efetivamente o autor de uma ação típica e antijurídica, mas inculpável, uma vez que não atua livremente. Ameaças vagas e imprecisas não podem ser consideradas graves para configurar coação irresistível e justificar a isenção de pena, devendo tratar-se de mal efetivamente grave e iminente, sendo indiferente que se dirija ao próprio ao coagido ou a alguém com o qual o coagido mantém relações de afetividade (QUEIROZ, 2008a, p.296).

Ocorrerá a incidência da circunstância atenuante do artigo 65, inciso III, alínea "c" em relação àqueles que poderiam resistir, mas não o fizeram.

3.2. OBEDIÊNCIA HIERÁRQUICA

O artigo 22, segunda parte do Código Penal brasileiro, prevê a obediência hierárquica como causa legal de exclusão da culpabilidade por inexigibilidade de conduta diversa. Entende-se por ordem hierárquica a manifestação de vontade do titular de uma função estatal a um funcionário que lhe é subordinado para que realize determinada ação ou omissão. Somente haverá exclusão da culpabilidade quando o subordinado atuar rigorosamente dentro dos limites da ordem determinada, pois do contrário responderá pelo excesso (QUEIROZ, 2008a, p. 297). São requisitos da excludente em foco que a relação de subordinação se fundamente no direito administrativo, que a ordem não seja manifestamente ilegal e que haja estrita observância da ordem dada. A relação de subordinação deve ser pública e a ordem deverá emanar da autoridade pública (COSTA JÚNIOR, 2000, p.94).

Caso a ilegalidade da ordem seja conhecida pelo sujeito ou se este puder ter conhecimento da ilegalidade, incidirá no caso o artigo 65, inciso III, alínea "c" do Código Penal brasileiro que estabelece que são circunstâncias que sempre atenuam a pena, entre outras previstas no referido artigo, ter o agente cometido o crime sob coação a que podia resistir, ou em cumprimento de ordem de autoridade superior.

4. INEXIGIBILIDADE DE CONDUTA DIVERSA

Com o surgimento da teoria normativa na qual culpabilidade é reprovabilidade, censura-se o autor por seu comportamento, outorgando um papel de destaque à inexigibilidade de conduta diversa.

A evolução da teoria normativa não é a evolução da inexigibilidade, entre outras razões porque não existe "a" teoria normativa e Frank não é o criador da mesma, mas sim de uma determinada teoria normativa, pois sua postura ou o que hoje podemos extrair de seu trabalho é muito complexo. O mesmo pode ser dito em relação aos outros autores que aparecem na evolução da teoria normativa. A inexistência de uma concepção normativa da culpabilidade é ocultada por pelo menos três razões, a saber: a mútua implicação entre teoria normativa e inexigibilidade, no sentido de que não se pode aceitar a exigibilidade se não se parte da teoria normativa da culpabilidade. . Outra razão geralmente relacionada com a anterior é a aceitação da inexigibilidade pela maioria dos representantes da teoria normativa, já a última razão é a frequente afirmação da falta de clareza do conceito normativo de culpabilidade (MELENDO PARDOS, 2002, p.23-25).

Apesar do entendimento citado, a ideia de inexigibilidade se encontra intimamente relacionada à concepção normativa da culpabilidade. Contudo, antes da formulação da teoria normativa da culpabilidade, alguns autores já haviam utilizado de forma específica e isolada o termo exigibilidade, que posteriormente se filiou e tomou corpo como princípio de inexigibilidade a partir da formulação da concepção normativa da culpabilidade. Apesar da ideia de inexigibilidade aparecer imediatamente vinculada à concepção clássica da teoria normativa da culpabilidade ela não é exclusiva da mesma, sendo possível sustentá-la a partir de concepções distintas de culpabilidade que não partem da ideia do "poder atuar de outro modo" (CORREA, 2004, p.06-07).

Se não há culpabilidade, o autor deve ser absolvido, independentemente de qualquer exculpação. Apesar disso, existe uma repulsa em relação à ideia de inexigibilidade como fundamento geral supralegal de exculpação. Tal exculpação, inclusive, está em plena sintonia com o princípio da culpabilidade e sua função garantidora. Contudo, o reconhecimento progressivo de novas situações de exculpação fundamentadas na anormalidade das circunstâncias do fato e, consequentemente, no princípio geral de inexigibilidade de comportamento diverso, parece tornar cada vez mais difícil negar à exigibilidade a natureza geral de fundamento supralegal de exculpação, como categoria necessária ao direito positivo vigente. E mesmo na visão da teoria dominante, a inexigibilidade de comportamento diverso, determinada pela anormalidade das circunstâncias de fato, incide sobre situações de exculpação concretas, nas quais atua um autor culpável ou reprovável que, contudo, deve ser exculpado ou desculpado, porque o limite da exigibilidade jurídica é definido pelo limite mínimo de dirigibilidade normativa ou de motivação conforme a norma, excluída ou reduzida em situações de exculpação legais ou supralegais (SANTOS, 2008, p.333).

No campo dogmático, a proposta de Frank foi a origem da ideia de inexigibilidade de conduta diversa, mesmo ainda não estando devidamente liberta de certos pressupostos causalistas, pois a exigibilidade, mesmo nas versões de Goldschmidt e Freudenthal, estava muito próxima da noção de possibilidade de motivação da norma da vontade do agente, ditada pela normalidade das circunstâncias envolventes do fato. Os autores mencionados não conseguiram se afastar desta linha de raciocínio (VELO, 1993, p.55).

Salientamos que alguns autores diferenciam as causas de exclusão da culpabilidade das causas de exculpação da culpabilidade.

As causas de exclusão da culpabilidade são a incapacidade de culpa e o erro de proibição inevitável, já que com sua ocorrência há a ausência respectivamente de um pressuposto e de um elemento fundamentador da culpabilidade. Já as causas de exculpação, contrariamente, geram uma redução no conteúdo do injusto e da culpabilidade do fato, de tal forma que, não se alcançando mais as últimas fronteiras da punibilidade e com vistas à anormal motivação, o legislador renuncia impor uma censura e pratica, portanto, indulgência. As causas de exculpação, como o estado de necessidade exculpante e a colisão exculpante de deveres, tornam-se, frequentemente, deduzidas do pensamento fundamental da inexigibilidade de conduta adequada à norma. Na teoria mais moderna ganha relevância a afirmação de que as causas da exculpação atenuam o injusto e a culpabilidade. O conteúdo de culpabilidade do fato é consideravelmente menor do que sob circunstâncias normais, porque o autor se vê exposto a uma pressão anormal de motivação que lhe torna impossível a obediência às normas de dever da ordem jurídica ou lhe dificulta bastante essa tarefa (WESSELS, 1976, p.91).

As verdadeiras causas de exclusão da culpabilidade seriam somente a incapacidade de culpabilidade e o erro de proibição escusável, os quais eliminam a capacidade de conhecimento e direção. A impunidade nas causas de exculpação se daria quando se considerasse a força motivadora demasiado leve para justificar a imposição de pena. A distinção, contudo, não procede, pois mesmo na incapacidade de culpabilidade ou erro de proibição invencível não é possível afirmar com segurança que inexista resquício de capacidade de controle, pois trata-se de uma distinção somente gradual (BRUNONI, 2008, p.282).

Do exposto, apesar da distinção feita por alguns autores entre causas de exclusão e causas de exculpação, adotaremos aqui neste livro indistintamente as expressões exclusão e exculpação da culpabilidade por entendermos que não há uma distinção tão profunda entre os dois termos.

Foi a partir da famosa decisão do Tribunal de *Reich* na Alemanha que foi reconhecida a inexigibilidade de conduta diversa como causa de exclusão da culpabilidade, antes mesmo da doutrina iniciar seus estudos em direção ao tema. O reconhecimento da inexigibilidade de conduta diversa como causa excludente da culpabilidade foi, portanto, produto de construção jurisprudencial. Tal decisão foi proferida em março de 1927, na qual foi negada a culpabilidade do agente pelo fato de que não lhe poderia ser exigido um outro comportamento distinto do que o que efetivamente praticou.

A decisão versa sobre o famoso caso *del Leinefünger* (do cavalo que não obedecia às rédeas). O caso ocorreu da seguinte forma: o proprietário de um cavalo desconfiado e desobediente ordenou ao cocheiro que atrelasse o cavalo à carruagem e saísse para a consecução dos serviços que costumava fazer. O cocheiro, prevendo a possibilidade de um acidente, quis resistir, mas o proprietário ameaçou despedi-lo caso não cumprisse a ordem. O cocheiro, então, obedeceu a ordem que lhe foi dada, mas, como previsto, o cavalo desobedeceu, causando lesões em um transeunte. O Tribunal de *Reich* negou a culpabilidade do cocheiro porque, tendo em conta a situação de fato concreta, não lhe podia ser exigido que perdesse seu emprego, negando-se a executar a ordem que lhe foi direcionada (ASÚA, 1997, p.410).

O caso do cavalo que não obedecia às rédeas situa-se no âmbito da culpa em sentido estrito, mas o Tribunal do *Reich* também reconheceu a inexigibilidade de conduta diversa no âmbito do dolo.

O mais célebre de todos os casos de inexigibilidade de conduta diversa aplicado à esfera dolosa é o caso *del Klapperstorch ante los jurados*. Os fatos ocorreram em um distrito da Alemanha. Uma empresa exploradora de uma mina teria acordado com seus trabalhadores que no dia do nascimento dos seus filhos, os mineiros estariam, então, dispensados do trabalho. Contudo, receberiam integralmente o salário sem o desconto desse dia não trabalhado. Os mineiros combinaram com a parteira que, caso os partos caíssem em um dia de domingo, esta deveria declarar no registro de nascimento que o parto teria ocorrido em um dia útil da semana, sob a ameaça de não mais utilizar seus serviços caso não concordasse. Temerosa de ficar sem trabalho, a parteira acabou fazendo declarações falsas nos registros de nascimentos (ASÚA, 1997, p.411). A parteira foi julgada e, no caso exposto, o tribunal alemão a declarou isenta de culpa, já que não lhe era exigível outro comportamento do que efetivamente teve em face da ameaça dos mineiros.

A problemática que se coloca em relação ao reconhecimento da inexigibilidade de conduta diversa como causa exculpante da culpabilidade em diversas situações concretas é como aferir se o agente podia ou não podia agir de outro modo, se lhe era ou não exigível um comportamento conforme a norma.

Conforme já sublinhado, foi a partir do trabalho de Frank que a reprovabilidade foi introduzida no conceito de culpabilidade, especialmente tendo em vista a normalidade das circunstâncias concomitantes que foi o grande contributo da teoria psicológico-normativa da culpabilidade. Contudo, foi a partir dos estudos de Freudenthal que houve a inclusão da exigibilidade de conduta conforme o direito no conceito de culpabilidade.

No problema da exigibilidade é investigada a medida do motivo do autor pelo qual este realizou o ato. Será decisivo analisar as circunstâncias concomitantes não tanto em sua motivação com respeito ao autor, mas quanto ao efeito que tem na valoração do direito e qual é o efeito que essas circunstâncias têm sobre ele e como as avaliou o autor. A medida da censura será mensurada não sobre a formação da vontade, mas segundo se desenvolveu a representação dos fatos pelo autor. Essa medida será o resultado de como se efetuou ou realizou o conteúdo da vontade e, com fundamento nisso, como poderia motivar-se o autor, quais eram os freios inibitórios ou as representações que se desenvolveram e quais deveriam ser desenvolvidos (DONNA, 2002, p.30).

A natureza jurídica da inexigibilidade de conduta diversa sempre foi tema muito controverso e está longe de ser considerado pacífico. De forma sintética, as posições acerca da natureza jurídica da inexigibilidade de conduta diversa oscilam entre considerar a inexigibilidade de conduta diversa como causa legal de exclusão da culpabilidade, alguns estudiosos a consideram como causa supralegal de exclusão da culpabilidade, há os que entendem a inexigibilidade de conduta diversa como um princípio e há ainda quem não considere a inexigibilidade de conduta diversa uma excludente de culpabilidade.

Conforme ressaltado, há estudiosos como Teresa Aguado Correa que enxerga a inexigibilidade como um princípio geral do ordenamento jurídico que não pode ser destituído da categoria de princípio regulativo. Trata-se de um princípio geral do Direito que, dada sua formulação como conceito jurídico indeterminado, permite um grau de apreciação. Esse princípio geral, orientado à proteção do indivíduo em face de interferências estatais, é uma representação do valor justiça próprio do Estado de Direito, da dignidade da pessoa humana e dos direitos fundamentais (CORREA, 2004, p.39).

A inexigibilidade de conduta diversa é a primeira e mais importante causa de exclusão da culpabilidade, constituindo-se em um verdadeiro princípio de Direito Penal – quando está presente expressamente na lei, é uma causa legal de exclusão. Se não está expressa na lei, deve ser considerada como causa supralegal, configurando-se em princípio fundamental que está intrinsecamente relacionado à questão da responsabilidade pessoal e que, consequentemente, dispensa a existência de normas expressas a respeito (TOLEDO, 2008, p.328).

Para Goldschmidt, a motivação anormal constitui sempre uma exceção da reprovabilidade de uma conduta dolosa ou culposa a qual se comina uma pena. A situação extraordinária de motivação como um pressuposto negativo da culpabilidade pode ser entendida então como uma causa de exculpação. Só poderiam ser apresentadas objeções contra essa regulação da relação da regra e da exceção se por ela se operasse uma troca às custas da prova em prejuízo do acusado, o que não ocorre (GOLDSCHMIDT, 2003, p.108-109).

Ainda consoante o entendimento do autor, em situações anormais não pode ser exigida do sujeito uma conduta conforme a norma, ainda que não esteja expressamente positivada na lei como causa exculpante de culpabilidade. O reconhecimento de causas de exculpação supralegais se fundamenta no conceito básico de que há motivos que o ordenamento jurídico deve reconhecer como superiores por motivo de dever em relação a um homem médio (GOLDSCHMIDT, 2003, p.120).

A inexigibilidade de conduta apresenta um aspecto da consciência social. É um princípio geral, guia do ordenamento jurídico-penal. Em relação à ordem jurídica penal foi possível reproduzir positivamente algumas situações, em que não está autorizada a punição exatamente em respeito a esse espírito do sistema. Não existe, porém, uma norma positiva geral, suficiente para compreender todas as hipóteses onde a inexigibilidade deverá ser operante (VELO, 1993, p.72).

Só haverá justificação da imposição da pena àquele que puder ser censurado em decorrência de ter praticado um fato típico e antijurídico. O sujeito que no momento da prática do fato delituoso não poderia, nas circunstâncias nas quais se encontrava, agir de outro modo, pois não lhe era exigível um comportamento diverso do que efetivamente teve, não age culpavelmente. E, portanto, poderá estar acobertado por uma causa de exclusão da culpabilidade, ainda que esta não esteja prevista expressamente no ordenamento jurídico penal.

5. INEXIGIBILIDADE DE CONDUTA DIVERSA COMO CAUSA SUPRALEGAL DE EXCLUSÃO DA CULPABILIDADE

Estão as causas de exculpação, nos casos de inexigibilidade, taxativamente tipificadas pela lei?

Certamente não. Seria impossível o legislador conseguir antever todas as causas de inexigibilidade de conduta diversa e prevê-las expressamente na lei. Existem causas excludentes de culpabilidade que não estão positivadas na lei, mas nem por isso devem ser desconsideradas, pois adotarmos um formalismo exacerbado é colocar o Direito Penal longe das situações concretas que a vida pode criar. Além disso, adotar tal postura fria e formalista seria adotar uma postura desconectada com os princípios da intervenção mínima e da dignidade da pessoa humana, além de desconsiderar o princípio da culpabilidade como garantia de uma pena justa e como medida e fundamento da pena.

Há muita discussão acerca da extensão da aplicação da inexigibilidade de conduta diversa como hipótese de exclusão da culpabilidade. Alguns autores entendem que sua aplicação deve ser restrita às hipóteses previstas expressamente pela lei. Quem assim entende, argumenta que, assim sendo, barraria alegações da defesa no sentido da aplicação de uma causa supralegal de exclusão da culpabilidade por inexigibilidade de conduta diversa e que considerar a supralegalidade de uma causa de exclusão da culpabilidade poderia desembocar em impunidade dos crimes então praticados.

Paralelamente, deixar a análise da supralegalidade ou não de uma causa de exclusão da culpabilidade ao alvedrio do juiz é temeroso, pois existem juízes extremamente legalistas que podem não admitir a existência de causas supralegais de exclusão da culpabilidade por inexigibilidade de conduta diversa. Temos então que contar com o senso de justiça do magistrado ao analisar o caso concreto, pois condenar um sujeito que praticou um delito em estado de intensa vulnerabilidade social, por exemplo, em uma situação na qual lhe era inexigível um comportamento conforme a norma é estar não somente apegado a um formalismo exacerbado, como também completamente distante e desconectado da realidade na qual vivemos. Tal atitude demonstra, além de um intenso apego ao formalismo, uma predileção por um Direito Penal como *prima ratio*.

Fazer com que esse sujeito sofra as sequelas de uma condenação na qual seu ato não foi reprovável a ponto de merecer uma pena é ferir o princípio da dignidade da pessoa humana, o princípio da culpabilidade e o princípio da individualização da pena, pois, repita-se, uma pena digna é uma pena justa. Além disso, é compactuar com a seletividade do sistema penal que sempre seleciona e pune com mais rigor os vulneráveis do ponto de vista social.

Não podemos esquecer que a vontade do sujeito fica "corrompida", "contaminada" por essa situação de vulnerabilidade social na qual se encontra. Essa motivação anormal gera então uma exceção da reprovabilidade de sua conduta, lhes faltando a exigibilidade de um comportamento conforme a norma. A liberdade de vontade e escolha, portanto, é diminuída ou inexistente nessa situação.

É arriscado afirmar, assim como fez Frank, a tipificação legal taxativa para o dolo e negá-la para a culpa. Isso se fundamenta, conforme destaca Goldschmidt, no entendimento de que apenas a culpa e não o dolo, é um conceito normativo da culpabilidade. No entanto, em decorrência de que na culpa se encontra uma característica normativa especial da culpabilidade, isto é, a violação do preceito de precaução ao qual se deve o cunho normativo de sua denominação, não se pode tratar, com relação a ela, a violação do preceito de motivação que a culpa tem em comum com o dolo de forma distinta que em relação a este. Se poderia duvidar que a não exigibilidade do cumprimento do preceito de precaução própria da culpa, pudesse ser fundada de outra forma que com as causas de exculpação legalmente tipificadas, se somente tais causas se admitem em relação ao dolo (GOLDSCHMIDT, 2003, p.114-115).

O não reconhecimento da inexigibilidade de conduta diversa como causa geral e supralegal de exclusão de culpabilidade equivale ao desconhecimento do alcance do princípio constitucional da culpabilidade (com o risco de limitar sua vigência ao conteúdo desejado pelo legislador penal, como manifestação do poder constituído). Uma justiça emoldurada em um Estado Constitucional de Direito reclama a plena vigência dessa causa de inculpabilidade como um modo de lograr a operatividade direta de um princípio que, como o da culpabilidade pelo fato, se encontra no conteúdo das Constituições dos Estados e nas normas internacionais (VITALE, 1998, p.113-114).

Outra questão extremamente controvertida no tocante à culpabilidade é a que se refere à liberdade de vontade do homem. Mesmo após toda a evolução da doutrina da culpabilidade, não podemos deixar de considerar o que diz respeito à liberdade do agente de poder ou não poder agir de outro modo. Nas causas legais de exclusão da culpabilidade fundamentadas na inexigibilidade de conduta diversa, como a coação irresistível, por exemplo, falta ao agente ou pelo menos é limitada, esta liberdade de vontade inerente ao homem. O mesmo sucede com as causas supralegais de exculpação e o excesso exculpante. Quando afirmamos que do agente não era exigível um comportamento conforme o direito, estamos afirmando, ainda que indiretamente, que este não teve a liberdade de escolha ou de vontade (YAROCHEWSKY, 2000, p.63-64).

A culpabilidade tem uma missão de garantia da autonomia individual, que na fundamentação da imputação subjetiva ou pessoal se traduz em um conceito material fundamentado no princípio de assunção da pena, segundo o qual não é legítimo exercer a atividade punitiva estatal, socialmente útil, contra um indivíduo, se este não assumiu livremente essa possibilidade, se não podia evitar esse risco (COUSO SALAS, 2006, p.535).

O reconhecimento da inexigibilidade de conduta diversa como causa supralegal de exclusão da culpabilidade teve por base no direito alemão a adoção da chamada teoria diferenciadora em relação ao estado de necessidade. A grande contribuição da teoria diferenciadora foi o reconhecimento de que o estado de necessidade tradicional, em que é justificada a lesão a bens jurídicos quando tal lesão for meio necessário para a salvação de outros bens jurídicos de maior interesse social, não satisfazia a todas as situações nas quais houvesse um conflito de bens e interesses. Assim, em hipóteses de salvamento de bens jurídicos de igual ou menor interesse social, também pode ser pertinente um estado de necessidade, analisado, entretanto, no campo da culpabilidade e segundo o postulado da inexigibilidade de conduta diversa, porque o Direito Penal não poderia permitir, a princípio, que alguém sacrificasse bem jurídico de maior relevância social a pretexto de salvar outro de menor relevância (VELO, 1993, p.56).

O Código Penal pátrio adotou a teoria unitária em relação ao estado de necessidade. A doutrina então considera como causas supralegais excludentes de culpabilidade por inexigibilidade de conduta diversa, entre outras hipóteses, o estado de necessidade exculpante e o excesso exculpante.

Não iremos analisar todas as possíveis causas supralegais excludentes de culpabilidade por inexigibilidade de conduta diversa, pois, além de ser falacioso, já que não conseguiríamos realizar tal propósito, não é este o foco deste livro. O objetivo neste tópico é inserir a coculpabilidade como uma hipótese supralegal de exclusão da culpabilidade por inexigibilidade de conduta diversa.

5.1. COCULPABILIDADE COMO HIPÓTESE SUPRALEGAL DE EXCLUSÃO DA CULPABILIDADE POR INEXIGIBILIDADE DE CONDUTA DIVERSA

Nosso objetivo neste capítulo é enfocar a coculpabilidade como uma hipótese supralegal de exclusão da culpabilidade por inexigibilidade de conduta diversa em decorrência da vulnerabilidade social.

Tal entendimento, contudo, não é pacífico, já que a doutrina majoritária visualiza a coculpabilidade e atribui a esta a natureza jurídica de uma causa atenuante genérica prevista no artigo 66 do Código Penal pátrio. O citado dispositivo legal estabelece que a pena poderá ser atenuada em razão de circunstância relevante, anterior ou posterior ao crime, embora não prevista expressamente em lei. Ocorre que tal circunstância relevante a qual se refere o citado artigo, pode ser **qualquer circunstância** anterior ou posterior ao crime, **não se refere especificamente à coculpabilidade**.

Apesar de a doutrina majoritária enxergar a coculpabilidade como uma atenuante inominada contida no artigo 66 do Código Penal, ainda assim nem sempre esse entendimento é posto em prática, pois, conforme já ressaltado, as decisões que aplicam a coculpabilidade são escassas e frequentemente trazem noções equivocadas acerca do conceito, objetivos, incidência e o motivo pelo qual, dependendo do caso concreto, deve ser aplicada. Além disso, o tradicional apego ao formalismo faz com que a aplicação de uma causa supralegal de exclusão da culpabilidade seja sempre vista como um instrumento de fomento à impunidade. Conjuntamente a tal fato, está também a sede punitivista que gera na sociedade a ideia de que o Direito Penal seria a solução para todas as situações envolvendo a prática de crimes, dando vazão a um Direito Penal simbólico e avesso ao mundo real.

Estruturalmente, o conceito de culpabilidade é constituído pela capacidade de culpabilidade ou imputabilidade, que é excluída pela menoridade e excluída ou reduzida nos casos de desenvolvimento mental incompleto e doenças mentais, pela potencial consciência da ilicitude ou pelo conhecimento do injusto que, por sua vez, pode ser excluído ou reduzido dependendo do caso pelo erro de proibição e pela exigibilidade de conduta diversa, que pode ser excluída ou amenizada em situações de motivação anormais nas causas de exclusão da culpabilidade.

Se a culpabilidade requer motivabilidade, aquela deve ser negada quando o sujeito, motivável de ordinário, sofre a influência de circunstâncias de tal importância que, no caso concreto, determinam que não se pode exigir a adequação do seu comportamento ao direito. O sujeito preserva sua capacidade de conhecer o significado de seus atos e de adequar seu comportamento a essa compreensão, mas não tem sentido ameaçar com a pena quem atua compelido por fatores tão poderosos que se sobrepõem a essa cominação (TERRADILOS, 2003, p.12).

Goldschmidt sustenta que a motivação normal não é o único pressuposto da exigibilidade e da reprovabilidade. Contudo, a motivação anormal constitui o único pressuposto da não exigibilidade. Afirma que muito mais importante que saber se a exigibilidade constitui uma restrição imanente da norma de dever ou se a não exigibilidade constitui uma exceção desta, é saber se os casos de inexigibilidade foram taxativamente tipificados ou se a inexigibilidade (não exigibilidade conforme as palavras do autor) é um conceito que necessita de complemento valorativo. (GOLDSCHMIDT, 2003, p.114-115).

A culpabilidade tem um conteúdo graduável, depreende-se então que se o sujeito está inserido em uma situação em que a motivabilidade é anormal. Tal situação dificulta ou até mesmo inviabiliza a obediência à norma, o que pode ensejar uma excludente de culpabilidade, uma vez que só é possível punir com uma pena o sujeito que está no regular exercício de sua autonomia pessoal.

Podemos concluir que se o sujeito está inserido dentro de um quadro de vulnerabilidade social intensa, encontra-se em um estado de motivabilidade anormal, portanto, não está no regular exercício de sua autonomia pessoal. Sua liberdade de escolha e vontade está "corrompida", "viciada" pela situação de vulnerabilidade, sendo então inexigível por parte do sujeito um comportamento conforme o direito.

Do exposto, entendemos ser perfeitamente possível – dependendo, por óbvio, da análise do caso concreto – que a coculpabilidade possa ser visualizada como causa supralegal de exclusão da culpabilidade por inexigibilidade de conduta diversa. Cumpre asseverar que esse poder ou não de agir conforme a norma não pode ser analisado sob o barema do "homem médio", do homem tido como "padrão", mas sim de um sujeito concreto, "real", justamente em decorrência das desigualdades existentes na sociedade.

É necessário que o caso concreto seja sempre muito bem analisado, pois os indivíduos estão dentro do quadro de vulnerabilidade em diferentes graus ou intensidade, da mais branda até a mais extrema e somente quando o sujeito está em um estado extremo de miserabilidade, de vulnerabilidade social exacerbada é que, dependendo justamente do caso concreto, pode merecer a incidência da coculpabilidade como hipótese supralegal de exclusão da culpabilidade por inexigibilidade de conduta diversa.

A inexigibilidade de conduta diversa deve incidir em todas as situações de extrema desigualdade e vulnerabilidade em que, no caso concreto, a opção pela prática do crime é, na verdade, uma escolha viciada, forjada, tomada sob circunstâncias que se presume que a liberdade não está presente, muito menos a igualdade em face dos demais sujeitos no exercício pleno dos seus direitos fundamentais. A imposição da pena nessas circunstâncias torna-se então desproporcional, pelo fato de implicar uma ofensa desnecessária e desarrazoada da dignidade humana. A inexigibilidade não decorre do conhecimento ou das capacidades de sanidade e desenvolvimento mental do sujeito, mas sim porque as circunstâncias impõem, em respeito aos direitos fundamentais do indivíduo, que não se considere culpável aquele que está em situação de inexigibilidade, a qual pode ser descrita como uma situação de vulnerabilidade (MELLO, 2019, p.397-398).

Como uma das causas supralegais de exclusão da culpabilidade pode ser inserida o chamado conflito de deveres que se configurará sempre que a ordem jurídica não fornecer medidas para a solução desse conflito e que, na esfera da culpabilidade, relaciona-se com a inexigibilidade de conduta diversa.

As situações de conflito de deveres mais relevantes ocorrem de forma mais frequente em situação de condições sociais adversas, (nas palavras de Juarez Cirino dos Santos seria a máxima negação da normalidade da situação de fato pressuposta no juízo de exigibilidade), nas quais trabalhadores excluídos do mercado de trabalho, são coagidos a romper vínculos normativos comunitários (deveres jurídicos de omissão de ações proibidas) para preservação de valores concretamente superiores, como por exemplo, o dever jurídico de garantir vida, saúde, moradia, alimentação e escolarização para os filhos, como apontam as estatísticas relativas aos crimes patrimoniais (SANTOS, 2008, p.347).

Em determinadas circunstâncias não procede culpavelmente quem, em caso de colisão de deveres, não atua de acordo com o dever mais alto ou equivalente, mas em conformidade com o dever que lhe corresponde. Às vezes, o cumprimento de um dever pode conferir também não uma causa de justificação, mas uma causa de exclusão da culpabilidade. Foi o caso de uma decisão proferida pelo Tribunal do *Reich* alemão. O pai, diante das súplicas de seu filho menor enfermo e a pedido de sua esposa moribunda para que permanecesse em casa, não levou o filho ao médico oportunamente. Apesar de o pai não ter atuado corretamente, pois deveria levar o filho ao médico já que estava doente, teve sua conduta desculpada. Tal decisão denota, portanto, que a colisão de deveres não tem significação somente em relação à teoria da antijuridicidade, mas também à teoria da culpabilidade jurídico-penal (MEZGER, 1958, p.181).

Mais uma vez, a coculpabilidade **pode** ser encaixada no conflito de deveres em decorrência de condições econômicas desfavoráveis ou condições sociais adversas, mas **não se refere especificamente a esta**. Pode englobar outras situações, inclusive outras situações não previstas legalmente (portanto, supralegais), às quais a ordem jurídica, de forma expressa, conforme já asseverado, não forneça elementos capazes de solucionar o conflito existente.

Salientamos que o conflito de deveres em decorrência de condições sociais adversas no qual pode ser encaixada a coculpabilidade não se confunde com o denominado estado de necessidade exculpante, pois este tem pressupostos que inviabilizariam a incidência da coculpabilidade.

O estado de necessidade exculpante envolve um atuar injusto, uma culpabilidade moral e falta reprovabilidade jurídica como reprovabilidade social do ato, porque qualquer outro sujeito colocado na mesma situação que o autor teria que atuar do mesmo modo que atuou o autor. Segundo Welzel, são pressupostos do estado de necessidade exculpante que a ação do autor tenha sido o único meio para evitar um mal maior, que o autor tenha elegido realmente um mal menor e que tenha perseguido subjetivamente o fim de salvação (WELZEL, 1956, p.186-187).

Em face de condições sociais desfavoráveis e de extrema miserabilidade, a coculpabilidade ou a corresponsabilidade estatal indireta pode ser, portanto, não somente uma atenuante da pena, mas configurar-se em uma causa supralegal de exclusão da culpabilidade por inexigibilidade de conduta diversa. Já que o Estado foi negligente e omisso em fornecer o mínimo existencial para que os sujeitos possam viver dignamente, tal fato não deve recair sobre o sujeito no momento da imposição da pena. Nesse momento deve ser também levado em consideração a situação de vulnerabilidade social que ensejou um comportamento em desconformidade com o direito.

Quando os limites da autodeterminação se encontram tão reduzidos que só resta a possibilidade física, mas o nível de autodeterminação é tão diminuto que não permite a sua revelação para os efeitos da exigibilidade desta possibilidade, ocorrerá uma hipótese de inculpabilidade. A inexigibilidade não é apenas uma causa de inculpabilidade e sim o fundamento de todas as causas de inculpabilidade, pois sempre que não há culpabilidade, não há exigibilidade, seja qual for a causa que a exclua (ZAFFARONI; PIERANGELI, 2009, p. 521).

Na aferição do juízo de culpabilidade não há uma fórmula matemática que possa indicar com precisão que um determinado autor seja dotado de autonomia ou que a lesão ao bem jurídico tenha sido de menor ou maior gravidade. Se, a título de exemplo, em alguns casos podemos determinar a gravidade da lesão ao bem jurídico quando se tratar de bem material, como o patrimônio, em outros isso é impossível. O mesmo ocorre com a autonomia do autor. Será muito difícil dizer com absoluta certeza que um determinado autor, apesar de viver miseravelmente, teve plena autonomia de realizar o fato. Em decorrência da diversidade de fatores que interferem na sua determinação, é admissível que a emissão dos juízos sobre a autonomia e a gravidade não corresponda a uma teoria pontual e sim submetida a certo espaço de liberdade. Nunca haverá uma vontade totalmente autônoma como no sentido kantiano, pois, fruto de uma especulação racionalista transcendental, hoje inadmissível e somente explicada como expressão simbólica da vontade. Partindo, portanto, desse cenário, deve-se admitir que fatores concretos da vida, como os decorrentes de desemprego, miséria, formação educacional ou de despreparo, de submissão, entre outros, influem diretamente na autonomia do sujeito e por isso devem ser levados em consideração (TAVARES, 2011, p.142-143).

No tocante à autonomia do sujeito, quando este está inserido em uma situação de vulnerabilidade social intensa, por exemplo, esse elemento propulsor faz com que a liberdade de vontade e de escolha fique "corrompida", "viciada" e dependendo do grau que essa liberdade fica afetada, a autonomia da vontade resta inexistente. Se essa liberdade de vontade fica afetada a tal ponto que ao sujeito não seja exigível um comportamento diverso do que efetivamente teve, não há que se falar em culpabilidade, pois lhe falta exigibilidade.

As condições sociais desfavoráveis (a fome e o desemprego, por exemplo), podem influenciar nessa autonomia do sujeito, portanto, dentro do juízo de imputação, devem ser considerados esses fatores que podem contribuir para a eclosão do crime. Reside daí também a necessidade da positivação da coculpabilidade no ordenamento jurídico-penal, pois o juiz deixaria de ter a mera faculdade para ter o dever de aplicar a coculpabilidade.

O caso concreto deve ser o parâmetro para a incidência e aplicação da coculpabilidade. A situação de vulnerabilidade social do sujeito tem que ter relação com o crime perpetrado, haja vista que como utilizamos aqui o termo coculpabilidade que diz respeito à vulnerabilidade social e não a outros tipos de vulnerabilidades, há um antagonismo, uma incompatibilidade no tocante à incidência e aplicação da coculpabilidade em relação a alguns tipos de crimes. Por isso, há a necessidade da avaliação diligente do caso concreto.

A abertura do conceito de inexigibilidade para as condições reais de vida do povo parece alternativa capaz de contribuir para democratizar o Direito Penal, reduzindo a injusta criminalização de sujeitos penalizados pelas condições de vida social, partindo desse entendimento, direito justo é direito desigual, porque considera desigualmente sujeitos concretamente desiguais (SANTOS, 2008, p. 348).

Quando as circunstâncias que envolveram a ação são consideradas normais, mas forças externas que não encontram nenhum eco censurável impediram ou desviaram o cumprimento normal das intenções do agente, fizeram com que agisse contrariamente ao mandamento normativo, deve-se reconhecer que existe, por parte do agente, uma culpa diminuta, que não está a merecer pena. Há, então, inexigibilidade de conduta diversa excludente da culpabilidade, pelo reconhecimento de que uma força imperiosa tornou anormal a reação do agente (NAHUM, 2001, p.125-126).

Por todo o exposto, por todos os argumentos trazidos à baila, é plenamente cabível a inserção da coculpabilidade como uma hipótese supralegal de exclusão da culpabilidade por inexigibilidade de conduta diversa, em decorrência da vulnerabilidade social a que os sujeitos podem estar submetidos, o que lhes obsta o acesso a oportunidades e aos meios de ascensão social e os "empurra" para o crime, pois vulneráveis que estão, em situação de extrema pobreza ou miserabilidade, submetidos a um estado de motivação anormal, lhes é inexigível um comportamento conforme a norma. Nesse sentido, podemos então atribuir à coculpabilidade a natureza jurídica de uma causa supralegal de exclusão da culpabilidade por inexigibilidade de conduta diversa.

Imaginemos, a título ilustrativo, a situação de um pai ou de uma mãe que, estando desempregado(a), sem possibilidades de angariar recursos financeiros para sobreviver, sem oportunidades de ingresso no mercado de trabalho por falta de capacitação profissional, sem condições de, inclusive, prover não somente a sua própria subsistência como também a de sua família que está em condições de extrema pobreza, passando dificuldades diversas e principalmente com fome, entra em um supermercado e furta alimentos para saciar a sua fome e a de seus entes queridos.

Imaginemos a situação desse pai ou dessa mãe que em um intenso estado de vulnerabilidade econômica passa a praticar crimes contra o patrimônio, pois sem perspectiva de emprego não tem como custear o tratamento de saúde de alto custo que necessita um de seus entes queridos e que não é oferecido pelo Estado.

Seria exigível, nas situações anteriormente descritas, que este pai ou essa mãe, vendo sua família passando pelas dificuldades citadas, agisse conforme a norma legal? Seria exigível que esse pai ou essa mãe, na situação concreta em que se encontrava, tivesse um comportamento diverso do que efetivamente teve? Haveria, pois, nessa conduta reprovabilidade ou censurabilidade a ponto de justificar a imposição de uma pena?

Entendemos indubitavelmente que não. Nessas situações não teríamos como exigir do sujeito um comportamento conforme a norma, ou em outras palavras, seria inexigível que o sujeito tivesse um comportamento diverso do que efetivamente teve, pois, em decorrência das condições sociais adversas, pela situação de extrema vulnerabilidade social, não somente sua, mas de sua família, tal sujeito foi compelido a praticar um delito para saciar sua fome e de sua família ou para custear um tratamento médico particular, por exemplo. A situação de pobreza, a falta de qualificação profissional adequada para conseguir uma vaga no mercado formal de trabalho, enfim, a falta de oportunidades e dos meios para uma maior mobilidade social, a omissão e negligência do Estado em propiciar uma boa educação, em gerar oportunidades para todos e de assegurar o mínimo existencial, certamente tem o efeito de influenciar, de impulsionar o sujeito para a prática de delitos. E não podemos nos furtar a encarar essa realidade.

O Direito Penal não deve permanecer afastado do mundo real no qual vivemos, não deve se furtar a enxergar o ser humano e suas vulnerabilidades (no caso, estamos tratando da vulnerabilidade social, mas existem outros tipos de vulnerabilidades que podem impulsionar para a prática de crimes), de observar o entorno do crime, sob pena de violação não somente da dignidade da pessoa humana, mas também de violação ao princípio da culpabilidade, que tem um conteúdo humanístico-garantidor, por meio do reconhecimento dos elementos ou circunstâncias individuais que são relevantes para a individualização da pena, entendido também como medida e fundamento desta.

Existem indivíduos que sobrevivem dia a dia em situações de extrema pobreza e, para estes, o ingresso no crime ou a prática de crimes passa a ser a "solução" ou até mesmo a resposta "normal" em face de tal situação, porque estão inseridos em uma situação de motivabilidade anormal, com um reduzido espaço de autodeterminação, não sendo, pois, possível punir indivíduos que não estão no exercício normal de sua autonomia pessoal – sua liberdade de vontade está "corrompida" pelo estado de vulnerabilidade social. Sendo assim, é inexigível desses sujeitos um comportamento conforme o direito. Como no momento da aplicação da pena, a observância à vulnerabilidade social não está expressamente prevista em lei – em outras palavras, a coculpabilidade não está positivada no Código Penal, trata-se de uma causa ou de uma hipótese supralegal de exclusão da culpabilidade por inexigibilidade de conduta diversa.

CONSIDERAÇÕES FINAIS

A coculpabilidade não está entre os assuntos mais estudados e discutidos na doutrina, mas isso não significa que o tema não seja importante, muito pelo contrário: em um país com tantas desigualdades sociais e com um sistema penal que tem como traço marcante a seletividade, é necessário que o tema seja estudado, pesquisado e discutido. É por esse motivo também que suas origens são difíceis de serem detectadas com precisão, contudo, entre as possíveis origens suscitadas, entendemos que suas origens estão na ideia da quebra do contrato social. Se o crime é a quebra do contrato social, o sujeito quando delinque quebra o contrato social, contudo, o Estado também quebra o pacto social quando não cumpre com os deveres constitucionalmente previstos, ou seja, com o efetivo cumprimento dos direitos sociais elencados constitucionalmente, gerando, portanto, sua corresponsabilidade indireta no tocante à prática de determinadas espécies de crimes.

Devemos salientar que essa corresponsabilidade estatal indireta diz respeito não somente ao reconhecimento do próprio Estado de sua omissão e/ou negligência em relação ao efetivo cumprimento dos direitos sociais, como também ao reconhecimento da existência de desigualdades sociais na sociedade.

A coculpabilidade é, portanto, o reconhecimento por parte do Estado de sua omissão, negligência e/ou de sua inadimplência em relação ao efetivo cumprimento dos direitos sociais (educação, saúde, moradia, por exemplo), em não possibilitar iguais oportunidades para todos ou em não propiciar os meios para que os sujeitos possam ascender socialmente ou pelo menos ter uma maior mobilidade social. Há determinados sujeitos que, pressionados pela falta de oportunidades, possuem um reduzido grau de autodeterminação em decorrência da vulnerabilidade social na qual estão inseridos, o que não raro os impulsiona ('os empurra") para a prática de delitos. Então, não é plausível e tampouco justo que essas causas recaiam sob o sujeito no momento da aplicação da pena ensejando uma atenuação da mesma ou até mesmo, dependendo das nuances do caso concreto, uma causa supralegal de exclusão da culpabilidade, já que a coculpabilidade não está prevista expressamente na lei.

Há entendimento no sentido de ser a coculpabilidade somente um novo nome para um antigo conceito, ou seja, a própria culpabilidade enquanto circunstância legal a atenuar ou agravar a pena, conforme o caso, pois, já que a culpabilidade é exigibilidade (maior ou menor), levando em consideração o caso concreto, esta há de ser menor em relação ao sujeito que comete o delito em decorrência de condições econômicas adversas.

Não corroboramos com tal entendimento, pois a coculpabilidade não deve concomitantemente ser utilizada para atenuar e aumentar a reprovabilidade em relação à conduta do agente. Tal entendimento desagua na chamada "coculpabilidade às avessas", atenuando a reprovabilidade da conduta no caso dos vulneráveis sociais e aumentando a reprovabilidade da conduta no caso dos incluídos sociais. Isso deturpa totalmente o sentido original para o qual foi idealizado o próprio conceito de coculpabilidade, que é a proteção aos vulneráveis do ponto de vista socioeconômico, no sentido de que essa vulnerabilidade seja considerada no momento da individualização da pena com o objetivo de não somente aplicar uma pena justa, como de humanizar o juízo de culpabilidade.

É a adoção da coculpabilidade às avessas que cria um Direito Penal de classes, seja quando criminaliza condutas destinadas à classe considerada "subalterna", às camadas mais vulneráveis da população, seja quando eleva a reprovação da conduta praticada pelas classes privilegiadas, para os socialmente incluídos, pois a reprovação para estes já se encontra albergada em nosso ordenamento jurídico-penal, que se consubstancia no mínimo e máximo de pena abstratamente prevista nos tipos penais. A coculpabilidade às avessas, portanto, macula as bases do genuíno conceito de coculpabilidade, auxiliando a disseminação de noções equivocadas acerca desse conceito.

Ainda que decorrente do sistema de garantias previsto na Constituição Federal em seu artigo 5º, parágrafo 2º, não entendemos que a coculpabilidade seja um princípio constitucional implícito.

A coculpabilidade deve ser entendida como uma decorrência do princípio da culpabilidade, entendido como limite, fundamento e medida da pena. Como medida da pena é necessário analisar se a pena a ser imposta é proporcional ao grau de lesividade do crime praticado, o limite da pena se refere ao *quantum* da pena a ser imposta e o fundamento se refere à indagação sobre se houve censurabilidade da conduta praticada pelo sujeito a ponto de este merecer a imposição de uma pena.

Nesse sentido, a coculpabilidade pode ser considerada como complementar e interligada ao princípio da culpabilidade. A coculpabilidade é uma densificação, uma corporificação do citado princípio, na medida em que procura analisar e incorporar, dentro do juízo de imputação, o sujeito concreto face uma situação de fato concreta, levando em consideração além da intensidade da vulnerabilidade social, o dado da seletividade do Direito Penal e as reais possibilidades do sujeito de agir ou não conforme a norma.

Do exposto, podemos, então, conceituar a coculpabilidade como uma densificação, como uma corporificação do princípio da culpabilidade. A coculpabilidade é ainda o reconhecimento, a assunção por parte do Estado de sua omissão, negligência e/ou inadimplemento no tocante ao efetivo cumprimento dos direitos sociais, consequentemente no não oferecimento de iguais oportunidades para todos e dos meios necessários para uma maior mobilidade social, gerando, portanto, indiretamente sua corresponsabilidade ou responsabilidade indireta no tocante à prática de determinadas espécies de crimes. No momento da aplicação da pena, tal fato deve ser considerado, ou seja, a vulnerabilidade social do sujeito deve ser considerada sob pena de violação não somente do princípio da dignidade da pessoa humana como também do próprio princípio da culpabilidade, entendido na acepção anteriormente citada como limite, medida e fundamento da pena.

A coculpabilidade não se confunde com a denominada culpabilidade pela vulnerabilidade; esta possui um raio de abrangência mais amplo, já a coculpabilidade se configura em um conceito mais restrito, que enfoca de forma específica a vulnerabilidade social (na qual pode se incluir não somente as condições econômicas adversas como também o baixo grau de instrução ou escolaridade).

Nesse sentido, há distinção entre os termos coculpabilidade e culpabilidade pela vulnerabilidade. O conceito de coculpabilidade estaria, portanto, abarcado pelo conceito de culpabilidade pela vulnerabilidade, justamente por não englobar todos os tipos de vulnerabilidades, como a vulnerabilidade psíquica por exemplo, a qual entendemos, conforme já salientado, ser objeto de uma análise à parte que não se coaduna com o caminho percorrido por este livro

Não discordamos que existem outros tipos de vulnerabilidades que podem sim agir como impulso, como mola propulsora, que influenciam e contribuem para a prática de crimes, contudo, a vulnerabilidade sob o ponto de vista social, por ser a mais significativa dentro da nossa realidade, pois existem milhões de pessoas em situação de extrema pobreza ou miserabilidade, necessita ser observada para consubstanciar de forma plena um Direito Penal mais justo, mais digno, menos seletivo e por conseguinte, mais humano.

Um dos objetivos da coculpabilidade é fazer com que o juízo de imputação não seja direcionado a um ser abstrato, mas a um homem "real", concreto, inserido em um contexto social desigual e, por meio da coculpabilidade albergando também a corresponsabilidade indireta do Estado por sua omissão, por sua negligência no tocante ao efetivo cumprimento dos direitos sociais, mais especificamente do não oferecimento do mínimo existencial.

A coculpabilidade possibilita que a reprovabilidade seja realizada não somente em relação à conduta praticada pelo autor do delito, mas também ao próprio processo de criminalização, que se destina precipuamente aos mais vulneráveis sob o ponto de vista social, ao pobre, ao excluído social. Decorre daí o fato de que a coculpabilidade visa observar a situação concreta de vulnerabilidade social, portanto, não ignora o traço da seletividade, muito pelo contrário, o incorpora quando o reconhece e se propõe a amenizar ou pelo menos contornar a seletividade na tentativa de aproximar o Direito Penal não apenas do entorno do crime como também da realidade e de uma realidade – diga-se de passagem, muitas vezes cruel e desumana.

A coculpabilidade pode ainda ser analisada sob o ponto de vista da criminologia sociológica, partindo da teoria social de Enrico Ferri, passando pela teoria sociológica da anomia de Émile Durkheim e pela teoria criminológica da anomia de Robert Merton, que teve como base e inspiração a teoria da anomia de Durkheim. Essa análise sociológica e criminológica é importante no sentido de alargar os horizontes do Direito Penal, que se ressente de uma análise mais global e interdisciplinar.

A partir dessa perspectiva podem ser enumerados os pontos de congruência ou não entre as citadas teorias e a coculpabilidade, a qual não propõe um ressurgir do determinismo social. Portanto, o ponto em comum com a teoria social de Ferri é somente a inclusão de fatores sociais na análise do crime, excluída por óbvio a parte positivista da concepção de Ferri. Já nas teorias de Durkheim e de Merton, que tomou como ponto de partida a teoria da anomia durkheimiana para elaborar a sua teoria criminológica da anomia, a coculpabilidade têm mais pontos de interseção, além do entendimento de que o crime é um fato social, há também a constatação de que nem todos os indivíduos conseguem atingir as metas ou objetivos culturais pelos meios institucionalizados ou pelos meios legítimos em decorrência de uma pressão anômica que pode ser gerada por condições sociais desfavoráveis, isto é, pela vulnerabilidade social.

As desigualdades sociais atingem milhões de pessoas que, empurradas para o crime em decorrência de condições sociais desfavoráveis, em decorrência do grau de vulnerabilidade social, delinquem. E delinquem justamente em decorrência de um limitado espaço de autodeterminação, movidos por uma motivabilidade anormal, porque inseridos em uma situação extraordinária de motivação, gerando, portanto, uma causa supralegal de exclusão da culpabilidade, por não lhes ser exigível um comportamento conforme o direito.

A coculpabilidade não encontra previsão expressa no ordenamento jurídico-penal pátrio. A doutrina majoritária atribui à coculpabilidade a natureza jurídica de uma atenuante genérica inominada prevista no artigo 66 do Código Penal. O citado artigo estabelece que a pena poderá ser atenuada em razão de circunstância relevante, anterior ou posterior ao crime, embora não prevista expressamente em lei. Ocorre que essa circunstância relevante pode ser qualquer circunstância, incluindo outros tipos de vulnerabilidades que não a vulnerabilidade social, não se referindo, portanto, especificamente à coculpabilidade.

Esse é um dos motivos pelos quais urge a positivação expressa da coculpabilidade para que esta deixe de ser uma mera faculdade ou discricionariedade do juiz para que se torne um direito **público** subjetivo do réu, se em decorrência do estado de vulnerabilidade social a que estiver submetido vier a cometer uma infração penal, desde que esta tenha correlação com o seu grau de vulnerabilidade e a depender da natureza do delito. A possibilidade de incidência ou não da coculpabilidade deve ser observada no caso concreto.

Para que a coculpabilidade possa ter incidência e seja então aplicada em um caso concreto é necessário que sejam preenchidos os seguintes requisitos: que o crime perpetrado tenha correlação, um vínculo com o estado de vulnerabilidade social do sujeito, ou seja, se não fosse a situação de vulnerabilidade social do sujeito o crime provavelmente não teria ocorrido. Em outras palavras, o estado de vulnerabilidade social do sujeito tem que ser a mola propulsora para o cometimento do delito.

Outro requisito é que no momento da prática do delito o sujeito efetivamente esteja em um estado ou situação de vulnerabilidade social que influencie sua autodeterminação, sua liberdade de escolha e vontade ao ponto de lhes faltar exigibilidade de um comportamento conforme a norma.

Por último, o crime perpetrado tem que ser compatível com a coculpabilidade, ou seja, ao crime praticado tem que ser possível a incidência da coculpabilidade, pois há crimes que não comportam a incidência da coculpabilidade por completo antagonismo entre o estado de vulnerabilidade social e a espécie de delito praticado.

Não analisamos a coculpabilidade em correlação com nenhum crime em específico, mesmo porque nosso objetivo é delimitar uma teoria geral da coculpabilidade, enfocando seu conceito, escopo, características importantes acerca do tema e sua natureza jurídica, contudo, notadamente a coculpabilidade pode ser pleiteada em crimes cuja situação de vulnerabilidade social possa impulsionar o sujeito para a prática do delito, como por exemplo, crimes patrimoniais ou que gerem algum ganho pecuniário e, em alguns casos, o ingresso no tráfico de drogas. No entanto, salientamos que a análise do caso concreto, do grau de vulnerabilidade social do sujeito e da natureza do crime praticado são essenciais para a incidência ou não da coculpabilidade.

O Estado não oferece iguais oportunidades para todos. Existem sujeitos que são invisibilizados e/ou são invisíveis aos olhos do Estado, vivendo à margem da sociedade, sobrevivendo em condições insalubres e de extrema miserabilidade, em um grau de vulnerabilidade social tão intenso que sua liberdade de vontade e escolha resta, em decorrência dessa vulnerabilidade, "corrompida", o que dificulta à obediência ao direito, reduzindo ou excluindo a exigibilidade de um comportamento conforme a norma.

Em síntese, há sujeitos que cometem o crime pressionados por essa vulnerabilidade social, com um menor poder de autodeterminação, lhes sendo inexigível agir conforme a norma.

É cediço que o Direito Penal é produtor e reprodutor das desigualdades sociais que assolam nossa sociedade e tal característica reverbera no sistema penal como um todo. Se quisermos, efetivamente, um Direito Penal menos seletivo, menos rotulante, menos vulnerador e menos estigmatizante, não basta criticar tais características do sistema penal brasileiro, mas apresentar uma alternativa de, ao menos, abrandá-las.

A positivação da coculpabilidade no Código Penal brasileiro de forma expressa poderia abrandar a seletividade, tão nítida em nosso sistema penal mediante a consideração da vulnerabilidade social quando da aplicação da pena e de como e quanto esta influenciou o sujeito, de quanto essa vulnerabilidade diminuiu ou até mesmo excluiu seu poder de autodeterminação, gerando a prática do delito.

Outro ponto relevante a ser salientado é que o crime pode ter sido algo esporádico na vida do sujeito, praticado justamente por essa motivabilidade anormal que foi a situação de vulnerabilidade social do mesmo, então nada mais justo do que observar tal questão no momento da aplicação da pena para uma correta individualização da mesma. E se for o caso, o sujeito poderá ainda ser isento de pena por estar acobertado por essa hipótese supralegal de exclusão da culpabilidade por inexigibilidade de conduta diversa, ou seja, a coculpabilidade.

Apesar de existir discussão acerca da aceitação ou não da supralegalidade de uma causa de exclusão da culpabilidade, entendemos que esta é despicienda, e quem não aceita a existência de uma causa supralegal está certamente apegado a um formalismo exacerbado e com clara propensão a aderir a um Direito Penal como *prima ratio*. Além disso, o legislador não tem como antever todas as causas de exclusão da culpabilidade, existindo, sim, causas que não estão expressamente previstas em lei, mas nem por isso devem deixar de serem consideradas. Deixar de acatar uma causa supralegal e apenar um sujeito cuja reprovabilidade da conduta não merecia a imposição de uma pena é atentar não somente contra o princípio da individualização da pena, o princípio da culpabilidade, como também atentar contra o princípio da dignidade da pessoa humana.

Enquanto a coculpabilidade não tiver previsão legal expressa no ordenamento jurídico-penal brasileiro, podemos considerar como sendo sua natureza jurídica, dependendo do grau de vulnerabilidade social, do crime perpetrado e do preenchimento dos requisitos necessários para sua incidência e aplicação, uma hipótese supralegal de exclusão da culpabilidade por inexigibilidade de conduta diversa.

Alguns podem até argumentar que seria inatingível ou uma utopia a efetiva observância da vulnerabilidade social no momento da aplicação da pena. Utopia é continuar apenas criticando o sistema penal e sua seletividade, seu caráter estigmatizante, repressivo, discriminatório e rotulante e não fornecer subsídios para uma tentativa de mudança. Utopia é acreditar que um Direito Penal distante e desconectado do mundo real no qual vivemos, que desconsidera o homem e suas vulnerabilidades possa ser menos seletivo e mais humano.

Com a coculpabilidade sendo aplicada de forma correta, tendo como parâmetro sempre o caso concreto e encarando o sujeito concreto e sua vulnerabilidade, como densificação do princípio da culpabilidade que é, é possível não somente trazer uma feição mais garantista como também servir de freio para o *jus puniendi* estatal e a sede punitivista que, conforme já sublinhado, pune sempre com mais rigor e intensidade o vulnerável social. Com a coculpabilidade se busca não somente humanizar o juízo de culpabilidade, conectando o Direito Penal com o mundo real, mas enxergar e compreender que o ser humano, pode, em algum momento, estar em um estado de motivabilidade anormal tão agudo em decorrência de sua vulnerabilidade social que sua autonomia de vontade não passa imune a essa vulnerabilidade e permanece então reduzida ou até mesmo excluída, não lhes sendo exigível um comportamento conforme a norma.

Levar em consideração a vulnerabilidade social quando da aplicação da pena – desde que, obviamente, tenha pertinência essa apreciação – realiza concretamente não somente a coculpabilidade no sentido para a qual foi inspirada, como também concretiza no mundo real e no Direito Penal a dignidade da pessoa humana, transmudando o Direito Penal seletivo, estigmatizante e vulnerador em um Direito Penal mais conectado com a realidade social, mais justo, menos seletivo, mais digno, e, consequentemente, mais humano.

REFERÊNCIAS

ANDRADE, Vera Regina Pereira de. Minimalismos, abolicionismos e eficientismo: a crise do sistema penal entre a deslegitimação e a expansão. *Revista Sequência*, n.52. p163-182.jul.2006. Disponível em: <https://periodicos.ufsc.br/index.php/sequencia/article/view/15205/13830>. Acesso em: 27 dez 2021.

ARAÚJO. Marcelo Cunha de. *Só é preso quem quer!*: impunidade e ineficiência do sistema criminal brasileiro. 2ª ed. rev. e atual. Rio de Janeiro: Brasport, 2010.

ASÚA, Luiz Jiménez de. *Principios de Derecho Penal*: la ley y el delito. 3ª ed. Buenos Aires: Abeleno-Perrot, 1997.

ÁVILA, Humberto. *Teoria dos princípios da definição à aplicação dos princípios jurídicos*. 4 ed. São Paulo: Malheiros, 2005.

BACIGALUPO, Enrique. *Principios constitucionales de Derecho Penal*. Buenos Aires: Hammurabi, 1999.

BARATTA, Alessandro. *Criminologia crítica e crítica do Direito Penal*: introdução à sociologia do Direito Penal. Tradução: Juarez Cirino dos Santos. 6ª ed. Rio de Janeiro: Revan, 2011.

BARROS, Suzana de Toledo. *O Princípio da Proporcionalidade e o controle da constitucionalidade das leis restritivas de direitos fundamentais*. 2ª ed. Brasília: Brasília Jurídica, 2000.

BARROSO, Luiz Roberto; BARCELLOS, Ana Paula. *O começo da história*: a nova interpretação constitucional e o papel dos princípios no Direito Brasileiro. Disponível em: <http://www.camara.rj.gov.br-setores-proc-revistaproc-revproc2003-arti_histdirbras.pdf>. Acesso em: 31 dez. 2012.

BASOCO, Juan M. Terradillos. Culpabilidad-responsabilidad. *Anuario de Derecho Penal*, 2003. Disponível em: <http://perso.unifr.ch-derechopenal-assets-files-anuario-an_2003_14.pdf>. Acesso em: 31 dez. 2012.

BATISTA, Nilo. *Introdução crítica ao Direito Penal brasileiro*. 8ª ed. Rio de Janeiro: Revan, 2002.

———. Cem anos de reprovação. In: BATISTA, Nilo; NASCIMENTO, André. (orgs.). *Cem anos de reprovação*: uma contribuição transdisciplinar para a crise da culpabilidade. Rio de Janeiro: Revan, 2011.

BETTIOL, Giuseppe. *El problema penal*. Buenos Aires: Hammurabi, 1995.

BITENCOURT, Cezar Roberto. *Direito Penal*: parte geral. V.I. 13ª ed. São Paulo: Saraiva, 2008.

BITENCOURT. Cezar Roberto; MUNIZ, Gina Ribeiro Gonçalves. *Necessidade de superação da Súmula 231 do STJ*. Disponível em: <https://www.conjur.com.br/2022-set-26/bitencourte-muniz-superacao-sumula-231-stj>. Acesso em: 10 dez. 2022.

BONAVIDES, Paulo. *Curso de Direito Constitucional*. 15ª ed. São Paulo: Malheiros Editores, 2004.

BRODT, Luís Augusto Sanzo. *Da consciência da ilicitude no direito penal brasileiro*. Belo Horizonte: Del Rey, 1996.

BRUNONI, Nivaldo. *Princípio de culpabilidade*: considerações. Curitiba: Juruá, 2008.

BUSTOS RAMÍREZ, Juan José; HORMAZÁBAL MALARÉE. *Lecciones de Derecho Penal*. V.II, Buenos Aires: Trotta, 1999.

CARVALHO, Amilton Bueno de; CARVALHO, Salo de. *Aplicação da pena e garantismo*. 2ª ed. Rio de Janeiro: Lumen Juris, 2002.

CARVALHO, Salo de. *Pena e garantias*. 3ª ed. rev. e atual. Rio de Janeiro: Lumen Juris, 2008.

CASTRO, Carlos Roberto Siqueira. Dignidade da pessoa humana: o princípio dos princípios constitucionais. In: SARMENTO, Daniel; GALDINO, Flávio (orgs). *Direitos Fundamentais*: estudos em homenagem ao Professor Ricardo Lobo Torres. Rio de Janeiro: Renovar, 2006.

CASTRO, Lola Aniyar de. *Criminologia da reação social*. Rio de Janeiro: Forense, 1983.

COMPARATO, Fábio Konder. *Fundamento dos Direitos Humanos*. Disponível em: < http://www.iea.usp.br-artigos-comparatodireitoshumanos.pdf>. Acesso em: 10 dez. 2010.

CORREA, Teresa Aguado. *Inexigibilidad de otra conducta en Derecho Penal*: manifestaciones del principio de inexigibilidad en las categorías del delito. Granada: Comares, 2004.

COSTA JÚNIOR, Paulo José da. *Direito Penal*: curso completo. 7ª ed. São Paulo: Saraiva, 2000.

COSTA, Helena Regina Lobo da. *A dignidade humana:* teorias de prevenção geral e positiva. São Paulo: Revista dos Tribunais, 2008.

COUSO SALAS, Jaime. *Fundamentos del Derecho Penal de culpabilidade*. Valencia: Tirant lo Blanch, 2006.

DÍAZ PITA, Maria Del Mar. *Actio libera in causa, culpabilidad y Estado de Derecho*. Valencia: Tirant lo Blanch, 2002.

DONNA, Edgardo A. Breve síntesis del problema de la culpabilidad normativa. In: GOLDSCHMIDT, James. *La concepción normative de la culpabilidad*. Tradução: Margarethe de Goldschmidt e Ricardo C. Nuñez. 2ª ed. Buenos Aires: B de F, 2002.

DURKHEIM, Émile. *As regras do método sociológico*. Tradução: Paulo Neves. São Paulo: Martins Fontes, 2007.

———. *Da divisão do trabalho social*. Tradução: Eduardo Brandão. 2ª ed. São Paulo: Martins Fontes, 1999.

ELBERT, Carlos Alberto. *Manual básico de criminologia*. Buenos Aires: Eudeba, 1998.

ESPINOZA, Manuel. Principios fundamentales del Derecho Penal contemporâneo. *Revista Jurídica Cajamarca*, Peru, Vol. III, n.09, p.1-6, out/dez. 2002. Disponível em: <http://www.ceif.galeon.com-Revista9-penal.htm>. Acesso em: 9 dez. 2012.

FABRICIUS, Dirk. *Culpabilidade e seus fundamentos empíricos*. Tradução: Juarez Tavares, Frederico Figueiredo. Curitiba: Juruá, 2009.

FERNÁNDEZ, Gonzalo D. *Culpabilidad y teoria del delito*. V.I, Buenos Aires: B de F, 1995.

———. *Culpabilidad normativa y exigibilidad*: a propósito de la obra de Freudenthal. In: FREUDENTHAL, Berthold. Culpabilidad y reproche en el Derecho Penal. Buenos Aires: B de F, 2003.

———. La concepción normativa de la culpabilidad. In: FRANK, Reinhard. *Sobre la estructura del concepto de culpabilidad.* Buenos Aires: B de F, 2004.

FERRO, Ana Luiza Almeida. *Robert Merton e o Funcionalismo*. Belo Horizonte: Mandamentos, 2004.

FRANK, Reinhard. *Sobre la estructura del concepto de culpabilidad.* Buenos Aires: B de F, 2004.

FREUDENTHAL, Berthold. *Culpabilidad y reproche en el Derecho Penal*. Buenos Aires: B de F, 2003.

GOLDSCHMIDT, James. *La concepción normativa de la culpabilidad*. Tradução: Margarethe de Goldschmidt e Ricardo C. Nuñez. 2 ed. Buenos Aires: B de F, 2002.

HIRSCH, Hans Joachim. El principio de culpabilidad y su función en el Derecho Penal. In: HIRSCH, Hans Joachim. *Derecho Penal*: obras completas. Tomo I. Buenos Aires: Rubinzal-Culzoni, 1999.

HORMAZÁBAL MALARÉE, Hernán. Una necesaria revisión del concepto de culpabilidad. *Revista de Derecho (Valdivia),* Valdivia, v. 18, n. 2 dez. 2005. Disponível em: <http://www.scielo.cl-scielo.php?script=sci_arttext&pid=S0718-09502005000200008&lng=es&nrm=iso>. Acesso em: 31. jan. 2013.

HUAPAYA, Sandro Montes. El principio de culpabilidad desde uma perspectiva político criminal dentro de um estado de derecho, social y democrático. *Revista Electrónica Derecho Penal Online*, 2008. Disponível em: <http://www.derechonline.com>. Acesso em: 9 dez. 2012.

IBGE, INSTITUTO BRASILEIRO DE GEOGRAFIA E ESTATÍSTICA. Desemprego. Disponível em: <https://www.ibge.gov.br/explica/desemprego.php>. Acesso em: 11. abr. 2022.

JAKOBS, Günther. *Fundamentos do Direito Penal*. Tradução: André Luís Callegari. São Paulo: Revista dos Tribunais, 2003.

JESCHECK, Hans Heinrich. Evolución del concepto jurídico penal de culpabilidad en Alemania y Austria. *Revista Electrónica de Ciencia Penal y Criminología*. n.5, 2003, p.1-19. Disponível em: <http://criminet.ugr.es-recpc>. Acesso em: 20.out. 2010.

MACHADO, Fábio Guedes de Paula. *Culpabilidade no Direito Penal*. São Paulo: Quartier Latin, 2010.

MELENDO PARDOS, Mariano. *El concepto material de culpabilidad y el principio de inexigibilidad*: sobre el nacimiento y evolución de las concepciones normativas. Granada: Comares, 2002.

MELLO, Sebástian Borges de Albuquerque. O princípio da proporcionalidade no Direito Penal. In: SCHMITT, Ricardo Augusto. (Org.). *Princípios penais constitucionais*: Direito e Processo penal à luz da Constituição Federal. Salvador: Juspodivm, 2007.

———. *O novo conceito material de culpabilidade*: o fundamento da imposição da pena a um indivíduo concreto em face da dignidade da pessoa humana. São Paulo: Tirant lo Blanch, 2019.

MENDES, Gilmar Ferreira; COELHO, Inocêncio Mártires; BRANCO, Paulo Gustavo Gonet. *Curso de Direito Constitucional*. 3ª ed. rev. e atual. São Paulo: Saraiva, 2008.

MERTON, Robert. *Sociologia: teoria e estrutura*. São Paulo: Mestre Jou, 1970.

MIR PUIG, Santiago. *Direito Penal:* fundamentos e teoria do delito. Tradução: Cláudia Viana Garcia, José Carlos Nobre Porciúncula Neto. São Paulo: Revista dos Tribunais, 2007.

———. *El Derecho Penal em el Estado Social y Democratico de Derecho*. Barcelona: Ariel, 1994.

———. *Función de la pena y teoria del delito en el Estado Social y Democratico de Derecho*. 2ª ed. Barcelona: Bosch, 1982.

———. *Introducción a las bases del Derecho Penal*. 2ª ed. Buenos Aires: Editorial B de F, 2003.

MOURA. Grégore. *Do princípio da coculpabilidade*. Rio de Janeiro: Impetus, 2006.

MONTEIRO, Simone Rocha da Rocha Pires. O marco conceitual da vulnerabilidade social. *Sociedade em Debate*, Pelotas, v.17, n.2, p.29-40, jul/dez. 2011. Disponível em: <https://redib.org/Record/oai_articulo3035157-o-marco-conceitual-da-vulne-rabilidade-social>. Acesso em: 10 abr. 2022.

NAHUM, Marco Antonio R. *Inexigibilidade de conduta diversa*: causa supralegal, excludente de culpabilidade. São Paulo: Revista dos Tribunais, 2001.

NASCIMENTO, André. Uma ausência sentida: a crítica criminológica da culpabilidade. In: BATISTA, Nilo; NASCIMENTO, André. (Orgs.). *Cem anos de reprovação*: uma contribuição transdisciplinar para a crise da culpabilidade. Rio de Janeiro: Revan, 2011.

NUNES, Leandro Gornicki. *Culpabilidade e exculpação*: o conflito de deveres como causa (supralegal) de exculpação no Brasil. Rio de Janeiro: Lumen Juris, 2012.

NUNES, Luiz Antônio Rizzato. *O princípio constitucional da dignidade da pessoa humana*: doutrina e jurisprudência. 3 ed. ver. e ampl. São Paulo: Saraiva, 2010.

NÚÑEZ, Ricardo. Bosquejo de la culpabilidad. In: GOLDSCHMIDT, James.. Tradução: Margarethe de Goldschmidt e Ricardo C. Nuñez. 2 ed. Buenos *La concepción normative de la culpabilidad* Aires: B de F, p. 61-78, 2002.

PALMA, Fernanda. *O princípio da desculpa em Direito Penal*. Coimbra: Almedina, 2005.

PELÉ, Antonio. Una aproximación al concepto de dignidad humana. *Universitas*, n.1, p.9-13 2004-2005. Disponível em: < http://universitas.idhbc.es-n01-01_03pe-le.pdf>. Acesso em: 9 dez. 2012.

PÉREZ MANZANO, Mercedes. *Culpabilidad y prevención*: las teorías de la prevención general positiva en la fundamentación de la imputación subjetiva y de la pena. Madrid: Universidad Autónoma de Madrid, 1990.

PETER FILHO, Jovacy. Coculpabilidade e vulnerabilidade: considerações a partir de um realismo jurídico-penal. In: SÁ, Alvino Augusto de; TANGERINO, Davi de Paiva Costa; SHECAIRA, Sérgio Salomão (orgs.). *Criminologia no Brasil*: histórica e aplicações clinicas e sociológicas. Rio de Janeiro: Elsevier, 2011.

PIERANGELI, José Henrique. Desafio dogmático de culpabilidade. *Justitia*, São Paulo, 61, n.185-188, p.39-49, jan/dez. 1999.

PRADO, Luiz Regis. *Curso de Direito Penal brasileiro.* V.1.11 ed. rev. atual e ampl. São Paulo: Revista dos Tribunais, 2011.

QUEIROZ, Paulo. *Manual de Direito Penal*: parte geral. 4ed. rev. e ampl. Rio de Janeiro: Lumen Juris, 2008a.

————. *Funções do Direito Penal*: legitimação *versus* deslegitimação do sistema penal. 3ª ed. rev. e atual. São Paulo: Revista dos Tribunais, 2008b.

QUINTANEIRO, Tania. **Émile Durkheim**. In: OLIVEIRA, Márcia Gardênia Monteiro de; BARBOSA, Maria Ligia de Oliveira; QUINTANEIRO, Tania. *Um toque de clássicos:* Marx, Durkheim e Weber. 2ª ed. rev. e ampl. Belo Horizonte: UFMG, 2003.

ROSSEAU, Jean Jacques. *Do contrato social*: princípios de Direito político. Tradução Agnes Cretella e José Cretella Júnior 3ª ed.rev. São Paulo: Revista dos Tribunais, 2012.

ROXIN, Claus. *Derecho Penal*: parte general: tomo I: fundamentos: la estrutura de la teoria del delito. Tradução: Diego Manuel Luzón, Miguel Díaz García Conlledo e Javier de Vicente Remesal. 2 ed. Madri: Civitas, 1997.

————. A culpabilidade e sua exclusão no Direito Penal. *Revista Brasileira de Ciências Criminais*, São Paulo, v.12, n.46, p.46-72, jan/fev. 2004.

SABADELL, Ana Lucia. *Manual de sociologia jurídica*: introdução a uma leitura externa do direito. 2 ed. rev. atual e ampl. São Paulo: Revista dos Tribunais, 2002.

SANTOS, Juarez Cirino. *Direito Penal:* parte geral. 3ª ed. Curitiba: ICPC Lumen Juris, 2008.

SARLET, Ingo Wolfgang. *Dignidade da pessoa humana e direitos fundamentais na Constituição Federal de 1988*. 8ª ed. ver. atual e ampl. Porto Alegre: Livraria do Advogado Editora, 2010.

SHECAIRA, Sérgio Salomão. *Criminologia.* 3ª ed. ver. atual. e ampl. São Paulo: Revista dos Tribunais, 2011.

SOARES, Ricardo Maurício Freire. *O princípio constitucional da dignidade da pessoa:* em busca do direito justo. São Paulo: Saraiva, 2010.

STJ, Superior Tribunal de Justiça. Terceira seção vai rediscutir possibilidade de pena abaixo do mínimo legal: relator convoca audiência pública. Disponível em: < https://www.stj.jus.br/sites/portalp/Paginas/Comunicacao/Noticias/2023/24032023-Terceira-Secao-vai-rediscutir-possibilidade-de-pena-abaixo-do-minimo-legal--relator-convoca-audiencia-publica.aspx>. Acesso em: 24 mar. 2023

TAIAR, Rogério. *A dignidade da pessoa humana e o Direito Penal*. São Paulo: SRS Editora, 2008.

TAVARES, Juarez. Culpabilidade e individualização. In: BATISTA, Nilo; NASCIMENTO, André. (Orgs.). *Cem anos de reprovação*: uma contribuição transdisciplinar para a crise da culpabilidade. Rio de Janeiro: Revan, 2011.

TOLEDO, Francisco de Assis. *Princípios básicos de Direito Penal*. 5ª ed. São Paulo: Saraiva, 1994.

TORRALBA ROSELLÓ, Francesc. Ideas de dignidad: uma exploración filosófica. In: MARTÍNEZ, Julio; PERROTIN, Catherine; TORRALBA ROSELLÓ, Francesc. *Repensar la dignidad humana*. Lleida: Milenio, p.15-92, 2005.

URSO, Juan Facundo Gómez. La culpabilidad por vulnerabilidad. Etica y legitimación del reproche desde el saber penal. *Revista Pensamiento Penal*. Rio Negro, cuadernos 3, Ed. 60, p.1-19, 2008. Disponível em: <http://new.pensamientopenal.com.ar-17092007-neuquen01.pdf>. Acesso em: 10 dez. 2012.

VELO, Joe Tennyson. *O juízo de censura penal*: o princípio da inexigibilidade de conduta diversa e algumas tendências. Porto Alegre: Sergio Antonio Fabris, 1993.

VITALE, Gustavo L. Estado Constitucional de derecho y derecho penal. In: CAMADRO, Jorgelina. *Teorías actuales en el Derecho Penal*. Buenos Aires: Ad-Hoc, p.71-130, 1998.

WELZEL, Hans. *El nuevo sistema del Derecho Penal*: una introducción a la doctrina de la acción finalista. Tradução: José Cerezo Mir. Buenos Aires: B de F, 2004.

———. *Derecho Penal:* parte general. Tradução: Carlos Fontán Balestra. Buenos Aires: Roque Depalma, 1956.

WESSELS, Johannes. *Direito Penal*. Parte geral: aspectos fundamentais. Tradução: Juarez Tavares. Porto Alegre: Sergio Antonio Fabris, 1976.

YAROCHEWSKY, Leonardo Isaac. *Da inexigibilidade de conduta diversa*. Belo Horizonte: Del Rey, 2000.

ZAFFARONI, Eugenio Raúl. *Criminología*: aproximación desde un margen. Vol. I. Bogotá: Editorial Temis, 1988.

———. Culpabilidade por vulnerabilidade. In: *Discursos Sediciosos*, Rio de Janeiro: ICC-Revan, n.14, p.31-48, 2004.

———. *Em busca das penas perdidas:* a perda da legitimidade do sistema penal. 5 ed. 1 reimpr. Rio de Janeiro: Revan, 2010.

———. *En torno de la cuestión penal*. Buenos Aires: B de F, 2005.

ZAFFARONI, Eugenio Raúl; ALAGIA, Alejandro; SLOKAR, Alejandro. *Derecho Penal*. Parte General. 2ª ed. Buenos Aires: Ediar, 2002.

ZAFFARONI, Eugenio Raúl; BATISTA, Nilo; ALAGIA, Alejandro; SLOKAR, Alejandro. *Direito Penal brasileiro I*: Teoria geral do Direito Penal, Rio de Janeiro: Revan, 2003.

ZAFFARONI, Eugenio Raúl; PIERANGELI, José Henrique. *Manual de Direito Penal brasileiro*: Parte geral. V.1 8ª ed. rev. e atual. São Paulo: Revista dos Tribunais, 2009.

REFERÊNCIAS NORMATIVAS

ARGENTINA, Ley 11.179 de 21 de dezembro de 1984. Codigo Penal de la Nación Argentina. Disponível em: <https://www.argentina.gob.ar/normativa/nacional/ley-11179-16546/texto>. Acesso em: 10. jun. 2022.

BRASIL, Decreto-lei nº. 3.689 de 3 de outubro de 1941. Institui o Código de Processo Penal. Diário Oficial da República Federativa do Brasil. Brasília, DF: Congresso Nacional, 1984.

BRASIL, Lei nº. 1.521 de 26 de dezembro de 1951. Altera dispositivos da legislação vigente sobre crimes contra a economia popular. Diário Oficial da República Federativa do Brasil. Brasília, DF: Congresso Nacional, 1951.

BRASIL, Lei nº. 3.688, de 03 de outubro de 1941. Lei das contravenções penais. Diário Oficial da República Federativa do Brasil. Brasília, DF: Congresso Nacional, 1941.

BRASIL, Lei nº. 4.729 de 14 de julho de 1965. Define o crime de sonegação fiscal e dá outras providências. Diário Oficial da República Federativa do Brasil. Brasília, DF: Congresso Nacional, 1965.

BRASIL, Lei nº. 7.210 de 11 de julho de 1984. Institui a Lei de Execução Penal. Diário Oficial da República Federativa do Brasil. Brasília, DF: Congresso Nacional, 1984.

BRASIL, Lei nº. 8.078 de 11 de setembro de 1990. Dispõe sobre a proteção do consumidor e dá outras providências. Diário Oficial da República Federativa do Brasil. Brasília, DF: Congresso Nacional, 1990.

BRASIL, Lei nº. 8.137 de 27 de dezembro de 1990. Define crimes contra a ordem tributária, econômica e contra as relações de consumo, e dá outras providências. Diário Oficial da República Federativa do Brasil. Brasília, DF: Congresso Nacional, 1990.

BRASIL, Lei nº. 9.605 de 12 de fevereiro de 1998. Dispõe sobre as sanções penais e administrativas derivadas de condutas e atividades lesivas ao meio ambiente e dá outras providencias. Diário Oficial da República Federativa do Brasil. Brasília, DF: Congresso Nacional, 1998.

BRASIL, Senado. Projeto de lei do Senado PLS **nº. 236 de 2012 de 9 de julho de 2012**. Reforma do Código Penal brasileiro. Disponível em: <https://www25.senado.leg.br/web/atividade/materias/-/materia/106404>. Acesso em: 4 jul. 2022.

BRASIL, Senado. Projeto de lei do Senado PLS nº. 3.473 de 18 de agosto de 2000. Altera a Parte Geral do Decreto-Lei nº 2.848, de 7 de dezembro de 1940 - Código

Penal, e dá outras providências. Disponível em: <http://www.camara.gov.br>. Acesso em: 10 jan. 2013.

BRASIL, Senado. Projeto de lei do Senado PLS nº. 4668 de 15 de dezembro de 2004. Revoga o art. 59 do Decreto-Lei nº. 3.688 de 3 de outubro de 1941. Disponível em: <https://www.camara.leg.br/proposicoesWeb/fichadetramitacao?idProposicao=273651> Acesso em: 4 jul. 2022.

BRASIL, Constituição. Constituição da República Federativa do Brasil. Brasília, DF: Senado, 1988.

BRASIL, Lei n.º 2.848, de 7 de dezembro de 1940. Institui o Código Penal. Diário Oficial da República Federativa do Brasil. Brasília, DF: Congresso Nacional, 1984.

COLÔMBIA, Lei nº. 599, de 24 de julho de 2000. Código Penal. Disponível em: <https://leyes.co/codigo_penal.htm>. Acesso em: 31 mar. 2022.

ORGANIZAÇÃO DAS NAÇÕES UNIDAS, Declaração Universal dos Direitos Humanos. Adotada e proclamada pela resolução 217 A (III) da Assembleia Geral das Nações Unidas, em 10 de dezembro de 1948.

ORGANIZAÇÃO DOS ESTADOS AMERICANOS, Convenção Americana sobre Direitos Humanos (Pacto de São José da Costa Rica). São José da Costa Rica: 1969.

PERU, Decreto Legislativo nº. 635 de 8 de abril de 1991. Código Penal. Disponível em: <https://lpderecho.pe/codigo-penal-peruano-actualizado>. Acesso em: 16 mai. 2022.

REFERÊNCIAS JURISPRUDENCIAIS

BRASIL, Tribunal de Justiça do Estado do Rio Grande do Sul. Apelação-crime nº. 70039284427. Quinta Câmara Criminal. Tribunal de Justiça do Rio Grande do Sul. Relator: Aramis Nassif, 10 de novembro de 2010. Disponível em:<http://www.tjrs.jus.br>. Acesso em: 10 jun. 2012.

BRASIL, Tribunal de Justiça do Estado do Rio Grande do Sul. Apelação-crime nº. 70051797603, Sexta Câmara Criminal, Tribunal de Justiça do RS, Relator: Ícaro Carvalho de Bem Osório, 31 de janeiro de 2013. Disponível em: <http://www.tjrs.jus.br>. Acesso em: 10 jun. 2012.

BRASIL, Tribunal de Justiça do Estado do Rio Grande do Sul. Apelação Crime nº. 7000220371, Quinta Câmara Criminal. Tribunal de Justiça do Rio Grande do Sul. Relator: Amilton Bueno de Carvalho, 21 de março de 2001. Disponível em: <http://www.tjrs.jus.br>. Acesso em: 11 jun. 2012.

BRASIL. Tribunal de Justiça do Estado do Rio Grande do Sul. Apelação Crime nº. 70037247806. Terceira Câmara Criminal, Tribunal de Justiça do RS, Relator: Odone Sanguiné, 24 de fevereiro de 2011. Disponível em:< http://www.tjrs.jus.br>. Acesso em: 11 jun. 2012.

BRASIL. Superior Tribunal de Justiça. Habeas Corpus nº 187.132. Superior Tribunal de Justiça. Sexta Turma. Relatora: Maria Thereza de Assis Moura, 18 de fevereiro de 2013. Disponível em:<https://www.stj.jus.br/sites/portalp/Inicio>. Acesso em: 12. nov.2017.

BRASIL. Tribunal de Justiça do Estado do Paraná. Ação Penal nº. 0017441-07.2018.8.16.0196. 1ª Vara Criminal, Tribunal de Justiça do Paraná. Juíza: Inês Marchaek Zarpelon. 19 de junho de 2020. Disponível em: < https://www.tjpr.jus.br>. Acesso em: 30 jan.2022.

BRASIL, Tribunal de Justiça do Estado de São Paulo. Apelação Criminal nº 1513529-12.2020.8.26.0228. 1ª Câmara de Direito Criminal. Tribunal de Justiça do Estado de São Paulo. Relator: Diniz Fernando, 31 de janeiro de 2022. Disponível em: <https://www.tjsp.jus.br>. Acesso em: 7 abr. 2022.

BRASIL, Tribunal de Justiça do Estado de São Paulo. Apelação Criminal nº. 1500024-56.2021.8.26.0603. Décima quarta Câmara Criminal. Tribunal de Justiça do Estado de São Paulo. Relator: Freire Teotônio, 28 de março de 2022. Disponível em: <https://www.tjsp.jus.br>. Acesso em: 1. jun. 2022.

BRASIL, Tribunal de Justiça do Estado de São Paulo. Apelação Criminal nº. 1506231-32.2021.8.26.0228. Sexta Câmara de Direito Criminal. Tribunal de Justiça do

Estado de São Paulo. Relator: Farto Salles, 8 de março de 2022. Disponível em: <https://www.tjsp.jus.br>. Acesso em: 7. jun. 2022.

BRASIL, Superior Tribunal de Justiça. Recurso Especial n° 1.394.233. Superior Tribunal de Justiça. Sexta Turma. Relator: Sebastião Reis Júnior, 3 de maio de 2016. Disponível em:< https://www.stj.jus.br/sites/portalp/Inicio>. Acesso em: 7 abr. 2022.

BRASIL, Superior Tribunal de Justiça. HC n° 411.243. Quinta Turma. Superior Tribunal de Justiça. Relator: Jorge Mussi. 7 de dezembro de 2017. Disponível em: <https://www.stj.jus.br/sites/portalp/Inicio>. Acesso em: 7 abr. 2022.

BRASIL, Supremo Tribunal Federal. Recurso Ordinário em Habeas Corpus 192842. Supremo Tribunal Federal. Decisão Monocrática. Relator: Gilmar Mendes, 24 de novembro de 2020. Disponível em:< http://portal.stf.jus.br>. Acesso em 7. abr. 2022.

BRASIL, Supremo Tribunal Federal. Recurso Extraordinário 1258265. Supremo Tribunal Federal. Decisão Monocrática. Relator: Luiz Fux, 3 de abril de 2020. Disponível em:< http://portal.stf.jus.br>. Acesso em: 7 abr. 2022.

BRASIL, Supremo Tribunal Federal. Recurso Extraordinário com Agravo n°. 1240292. Supremo Tribunal Federal. Decisão Monocrática. Relatora: Cármen Lúcia, 27 de novembro de 2019. Disponível em:< http://portal.stf.jus.br>. Acesso em: 7 abr. 2022.

editoraletramento
editoraletramento.com.br
editoraletramento
company/grupoeditorialletramento
grupoletramento
contato@editoraletramento.com.br
editoraletramento

editoracasadodireito.com.br
casadodireitoed
casadodireito
casadodireito@editoraletramento.com.br